중론,
논리로부터의 해탈
논리에 의한 해탈

108게송으로 새롭게 중론 읽기

중론,
논리로부터의 해탈
논리에 의한 해탈

김성철 지음

불교시대사

책 머리에

이 책은 불교에 갓 입문한 분들도 용수(龍樹)의 《중론(中論)》을 이해할 수 있게 하기 위한 취지에서 저술되었다. 가능한 한 쉬운 문장을 쓰려고 노력하였고 불교 전문용어를 사용할 경우에는 다소 지나치다 싶은 감이 있더라도 그 의미를 낱낱이 풀이하면서 논지를 전개하였다. 본문의 내용 가운데 의미의 비약이 있는 곳이나 모호하게 진술한 곳, 또는 적당히 얼버무린 곳은 거의 없을 것이라고 자신하지만 《중론》 자체의 난해성으로 인해, 일반 독자들이 가벼운 마음으로 이 책을 통독하기는 쉽지 않을 것이다.

《중론》은 총 27장 450여 수의 게송으로 이루어져 있다. 각 게송들은 그 성격상, '논리적 게송' '선언적(宣言的) 게송' 그리고 '비유적 게송'의 세 종류로 분류할 수 있다. 이 책에서는 《중론》 전체의 가르침이 집약되어 있는 서두의 귀경게(歸敬偈) 이외에, 논리적 게송을 중심으로 그 중요도가 높고 의미가 명확한 108수의 게송을 가려 뽑아 해설하였다. 먼저 각 게송을 이해하는 데 필요한 예비 지식에 대해 설명한 다음, 게송을 인용하고, 이어서 그 의미에 대해 해설하는 방식으로 논의를 진행하였다.

이 책에 실린 각 게송들의 번역문은 산스끄리뜨 원문과 그에 대한 구마라습(鳩摩羅什)의 한역문을 대조한 후, 가독성을 중시하며 의역한 것이기에 간혹 그 어순이 원문에 그대로 부합되지 않는 경우도 있을 것이다. 각 게송의 산스끄리뜨 원문과 구마라습의 한역문 그리고 그에 대한 우리말 직역문을 보고자 하는 독자는 필자가 번역 출간한 《중론》(경서원 간)을 참조하기 바란다.

《중론》,《백론(百論)》,《십이문론(十二門論)》을 소의경전으로 삼는 삼론학(三論學)의 토대를 다진 고구려의 승랑(僧朗) 스님, 그리고 《삼론종요(三論宗要)》와 《중관론종요(中觀論宗要)》 등을 저술했다고 전해지는 신라의 원효 스님과 같은 분들은 《중론》 연구에 깊이 천착했던 분들이라고 볼 수 있지만, 그 후 현대 불교학이 도입되기 전까지 약 1000여 년 이상 우리나라에서 《중론》은 거의 연구되지 않았다. 이는 불립문자(不立文字)를 표방하는 선불교 전통이 고려와 조선시대에 이어 근대에 이르기까지 우리 불교계의 주류로 자리잡고 있었기 때문일 것이다. 그러나 《중론》은 선불교와 초기불교를 연결해 주는 논리적 가교의 역할을 할 수 있으며, 이 점에서 현재 재탄생을 위한 산고를 겪고 있는 전통 간화선 수행의 기반을 확고히 다지는 데 큰 기여를 할 수 있을 것으로 생각한다. 이에 대한 상세한 설명은 이 책 말미에 수록된 3부의 '3. 간화선과 《중론》, 그리고 부처님의 침묵'을 참조하기 바란다.

《중론》의 가르침은 한마디로 '논리해탈'이라고 규정할 수 있다.

칸트의 《순수이성비판(Critique of Pure Reason)》이 '순수이성이 비판한다[主格]'와 '순수이성을 비판한다[對格]'는 두 가지 의미를 모두 갖도록 고안되었듯이, 《중론》을 통한 '논리해탈'도 '논리로부터의 해탈[奪格]'과 '논리에 의한 해탈[具格]' 모두를 의미한다. 엄밀한 수학적 표현으로 기술된 현대의 과학이론에 근거하여 누구나 동일한 과학적 실험을 반복할 수 있듯이, 《중론》의 논리적 분석을 그대로 따라갈 경우 누구나 '논리와 인식과 존재의 극한'인 공성(空性)과 만날 수 있다. 《중론》에서는 주관적 체험의 영역에 속하는 불교의 깨달음을 치밀한 논리적 진술을 통해 객관화시키고 있다. 《중론》은 깨달음의 지식을 제공하는 단순한 이론서가 아니라, 깨달음 그 자체를 맛보게 해 주는 살아 있는 책이다. 그 어디에도 고착하지 않는 불교의 지적(知的)인 깨달음을 치밀한 논리적 분석을 통해 역동적으로 가르치는 영원한 혁신의 책이 바로 《중론》인 것이다.

끝으로 티 안 나는 보살행으로 불교 출판의 앞날을 개척하는 불교시대사 김병무 사장님과 고광영 부장님, 최향란 과장님 등 편집부 직원 여러분의 노고에 심심한 감사의 마음을 전한다.

불기 2548년 7월 경주에서
도남(圖南) 김성철 합장
http://www.kimsch.net

차 례

■ 책 머리에 / 5

1부 《중론》을 읽기 전에 ········· 11
1. 석가모니 부처님의 깨달음 ········· 13
2. 아비달마 불교도의 잘못된 태도와 《반야경》의 가르침 ········· 20
3. 용수의 생애와 저술 ········· 25
4. 《중론》의 내용과 특징 ········· 31
5. 《중론》을 공부하는 방법 ········· 38

2부 가려 뽑은 《중론》 ········· 45
1. 부처님께 바치는 노래 ········· 47
2. 연기에 대한 분석 ········· 57
3. 움직임에 대한 분석 ········· 70
4. 눈에 대한 분석 ········· 84
5. 발생에 대한 분석 ········· 95
6. 행위와 행위자에 대한 분석 ········· 108
7. 주인공에 대한 분석 ········· 118
8. 불과 연료에 대한 분석 ········· 128
9. 삶과 죽음의 선후 관계에 대한 분석 ········· 137

10. 자아에 대한 분석 ·· 146
11. 시간에 대한 분석 ·· 156
12. 인과 관계에 대한 분석 ·· 165
13. 여래에 대한 분석 ·· 175
14. 사성제에 대한 분석과 공견(空見)의 위험성 ··············· 183
　　1) 사성제에 대한 분석 / 183　2) 공견의 위험성 / 195
15. 십이연기에 대한 소개 ·· 205
16. 윤회에 대한 잘못된 견해에 대한 분석 ······················ 222

3부 《중론》을 읽고 나서 ·· 241
1. 공의 자가당착과 그에 대한 해명 ······························ 243
2. 《중론》을 주석하는 두 가지 방식 ······························ 247
3. 간화선과 《중론》, 그리고 부처님의 침묵 ··················· 253

■ 뜻풀이 찾아보기 / 259

1부
《중론》을 읽기 전에

1. 석가모니 부처님의 깨달음

우리가 사는 사회는 참으로 공평하지 못하다. 어째서 누구는 잘 살고 누구는 못사는지? 어째서 누구는 잘생기고 누구는 못생겼는지? 어째서 누구는 머리가 좋고 누구는 머리가 나쁜지? 어째서 누구는 오래 살고 누구는 일찍 죽는지? …… 이 가운데 잘살고 못사는 차별은 사회제도의 개선을 통해 어느 정도 없앨 수 있을지 몰라도, 잘나고 못난 것, 오래 살고 일찍 죽는 차별까지 모두 제거하기는 쉽지 않다. 우리의 시야를 인간사회에서 모든 생명의 세계로 넓힐 경우 이런 부조리는 더욱 심해진다. 어째서 어떤 생명체는 잡아먹으며 살고 어떤 생명체는 잡아먹히는 고통을 겪어야 하는지? 어째서 태어난 모든 생명체는 반드시 죽어야 하는지? 세상은 참으로 엉망진창이다.

지금부터 2600여 년 전 인도 북부지방의 까삘라(Kapila)라는 작은 궁궐에 가우따마 싯다르타(Gautama Siddhārtha)라는 이름의 총명하고 기품 있는 어린 왕자가 있었다. 열두 살이 되던 해 어느 화창한 봄날, 어린 왕자는 부왕과 함께 농경제에 참석하기 위해 들에 나갔다. 들에서 한 농부가 쟁기질을 하고 있었는데, 파헤쳐진 밭이랑 사이에서 벌레 한 마리가 꿈틀거렸다. 어린 왕자는 햇볕에 노출되어 괴로워하는 벌레의 고통에 공감하여 가슴이 저렸다. 그런데 그때 작은 새 한 마리가 쏜살같이 날아와 잽싸게 그 벌레를 쪼아 물고 공중으로 솟구쳐 올랐다. 놀라움에 어린 왕자의 가슴은 철렁 내려앉았다. 그러나 어린 왕자의 놀라움은 거기서 끝나지 않았다. 어디선가 큰 새 한 마리가 날아와 다시 그 작은 새를 덥석 채 가는 것이었다. 생명 세계의 비정함에 눈앞이 아득해진 어린 왕자는 자리에서 일어나 근처에 있는 염부수 나무 그늘 아래에 앉았다. 그리고 지금까지 일어났던 일련의 일들에 대해 '있는 그대로' 곰곰이 생각하였다. 어린 왕자의 명상이 깊어짐에 따라 그의 얼굴은 점점 환하게 밝아졌다.

그 후 17년이 지나 29세가 되었을 때 싯다르타 왕자는 일생일대의 결단을 내리게 된다. 어린 시절 이후 자신을 번민하게 하던 삶과 죽음의 문제, 세계와 생명의 부조리를 기필코 해결하고야 말겠다는 일념으로 호화로운 궁궐 생활을 버리고 숲으로 들어가 수행자가 되었던 것이다. 그리고 35세가 될 때까지 만 6년 동안 여러 스승들을 찾아가 배운 후 그들이 가르쳐 준 기법에 따라 온갖 종교의 최고 경지를 체험해 본다. 그러나 왕자는 그 모든 것들이 올바른 길이 아님을 자각하였다. 어떤 테크닉에 의해 얻어진 경지는 영원할 수 없기 때문이었다.

이런 자각으로 그때까지의 수행을 모두 버린 왕자는 완전한 깨달음을 얻기 전까지는 자리에서 일어나지 않겠다는 굳은 다짐을 하고 보리수 아래에 마른풀을 깔고 앉았다. 그리고 열두 살 어린 시절 염부수 나무 그늘 아래서 깊은 생각에 잠겼던 방식 그대로 생명과 세계에 대해 관찰하기 시작하였다. 어떤 테크닉에 의해 수행을 하는 것이 아니라, 모든 것을 '있는 그대로' 살펴보며 그 근원을 물어 들어갔던 것이다. 왜 우리 모두는 병들어야 하는가? 왜 우리는 늙어야 하는가? 어째서 모든 생명체는 죽어야 하는가? ……

그러다가 왕자는 이에 대한 첫 번째 답을 얻었다. 답은 의외로 간단하였다. 우리가 태어났기 때문이다.[1] 어머니의 자궁 속에서 수정란이 형성되었던 때가 내가 이 세상에 태어난 최초의 순간이다. 우리는 이렇게 자궁 속에 태어나 살아 왔기 때문에 앞으로 늙어야 하고 죽어야 한다. 요컨대 '삶이 있기 때문에 죽음이 있는 것이다.' 그러나 이것으로 왕자가 애초에 품었던 의심이 모두 해결된 것은 아니었다. 왕자는 다시 추구해 들어갔다. 그러면 어째서 우리는 태어나는 것인가? …… 어째서 우리는 어머니의 자궁 속에 자리잡게 되는 것일까? ……

그러던 어느 날 저녁이었다. 끝없이 의문을 떠올리며 삶의 근원을 추구해 들어가던 왕자는 호흡조차 잦아들 정도로 마음이 지극히 고요해진 상태에서 자신의 전생을 하나 둘 기억해 내기 시작하였다. 호수가 고요해지면 그 주변의 온갖 풍경이 호수 표면에 있

---

1) 《연기성도경(緣起聖道經)》, 대정장(大正藏) 16, p. 828a: 我復思惟 無有誰故而無老死 由誰滅故 老死隨滅 我卽於此如理思時 便生如是如實現觀 無有生故便無老死 由生滅故老死隨滅.

는 그대로 비추어지듯이, 그 전까지는 전혀 기억나지 않았던 왕자의 무수한 전생이 마음속에서 그 모습을 드러내었다. 그와 아울러 왕자는 과거에 자신이 겪었던 그 어떤 삶도 그 이전의 무수한 삶 속에서 지었던 행위들이 원인이 되어 형성된 것이라는 이치 역시 깨닫게 되었다. 지금 이 삶은 우연히 생겨난 것이 아니라, 전생에 지었던 나의 온갖 행위들에 의해 만들어진 것이다. 전생에 착하거나 악한 온갖 행위를 하며 살았기 때문에 지금 태어난 것이고, 태어나 살아 있기에 우리는 늙어 죽는 것이다. 전생과 현생은 철저한 인과 관계의 지배 아래 있었다. '삶이 있기에 죽음이 있다'는 평범한 진리를 자각했던 왕자는, '현생의 삶은 전생에 지었던 착하고 악한 갖가지 행위들이 원인이 되어 나타난 것'이라는 보다 깊은 이치를 자각하였던 것이다[宿命通].[2]

밤이 깊어 자정이 되었을 때, 자신의 무수한 전생을 회상하던 왕자는 주의력을 다른 생명체에게로 돌려 그들의 전생과 현생, 내생에 대해 관찰하기 시작하였다. 그런데 그들 모두 하나도 남김없이 앞에서 발견한 이치에 따라 윤회하고 있음을 알게 되었다.[3] 무수

---

[2] 《사분율(四分律)》, 대정장 22, p. 781b: 由繫意專念不放逸故 時菩薩得此定意 諸結使除盡 淸淨無瑕穢 所行柔軟住堅固處 證宿命智 自識宿命一生二生三生 …… 百千生 無數百生無數千生 …… 受如是苦樂 從彼終生彼 從彼終復生彼 從彼終生此 如是相貌 識無數宿命事.

[3] 《사분율》, 대정장 22, p. 781b: 時菩薩 復以三昧定意淸淨 無瑕無結使 衆垢已盡 所行柔軟 住堅固處 知衆生生者死者 以淸淨天眼觀見衆生 生者死者 善色惡色 善趣惡趣 若貴若賤 隨衆生所造行 皆悉知之卽自察知 此衆生身行惡口行惡意行惡 邪見誹謗賢聖 造邪見業報 身壞命終 墮地獄畜生餓鬼中 …… 是謂菩薩中夜得此第二明 無明盡明生 闇盡光生 是謂見衆生天眼智.

한 전생에 지었던 행위[業]들이 원인이 되어 현생의 삶을 받게 되고, 현생에 이렇게 태어났기 때문에 앞으로 언젠가 늙어 죽을 것이고, 현생에 이러저러한 업을 짓기 때문에 내생에 이러저러한 곳에 태어나게 된다는 사실은 비단 왕자 한 개인뿐만 아니라 모든 생명체를 지배하는 보편법칙[4]이었다[天眼通].

이렇게 생명과 세계를 지배하는 보편법칙을 발견하긴 했지만, 아직 왕자의 의문이 완전히 풀린 것은 아니었다. 왕자는 다시 집요하게 추구하였다. 어째서 모든 생명체들은 갖가지 업을 지음으로써 내생의 삶을 초래하는가? …… 시간은 흘러 새벽이 되었고 여명의 하늘에는 샛별이 반짝이고 있었다. 그리고 그 샛별을 보는 순간 왕자는 모든 것을 깨달았다. 이 세상을 '있는 그대로' 알지 못하는 어리석음[無明] 때문에 모든 생명체들[衆生]은 갖가지 업을 짓는다. 어리석음에서 벗어나 모든 것을 '있는 그대로' 보게 될 경우 우리는 더 이상 업을 짓지 않는다. 다시 말해, 무명을 타파하여 참된 지혜가 열릴 경우 더 이상 업을 짓지 않는다.

우리로 하여금 갖가지 업을 짓게 만드는 가장 큰 원인은 '내가 존재한다'는 생각이다. 그러나 모든 것을 있는 그대로 관찰해 보니 나는 그 어디에도 존재하지 않는다. 그 어떤 것도 영원할 수 없

---

4) 이를 좁게는 '인과응보'의 법칙이라고 부르고, 넓게는 '연기(緣起)'의 법칙이라고 부른다. 이 세상 모든 것은 얽혀서[緣] 발생한다[起], 의존적[緣]으로 발생한다[起], 홀로 발생하는 것은 없다, 이것이 연기의 법칙이다. 그리고 이런 연기의 법칙을 생명체에 적용할 경우 전생에 의존하여 현생이 발생하고 현생에 의존하여 내생이 발생한다는 인과응보의 법칙으로 표현된다.

기 때문이다. 그 무엇이 '나'이기 위해서는 변치 않아야 한다. 자기동일성을 유지해야 한다. 그러나 몸이든 감정이든 생각이든 의지든 나라고 생각할 만한 모든 것들은 시시각각 변한다. 마치 흐르는 강물과 같이 한 순간도 머물러 있지 않다. 이렇게 '내가 존재하지 않는다[無我]'는 사실을 진정으로 자각할 경우 모든 악업(惡業: 악한 행동)의 근원이었던 탐욕·분노·교만이 완전히 사라진다. 또 이를 깨달을 경우 자신의 행동에 대해 행동을 했다는 생각을 내지 않는다. 남이 나를 볼 때는 내가 말을 하거나 걸어가거나 하는 업을 짓는 것으로 보여도, '내가 없음[무아]'을 깨달은 자의 경우에는 그런 행위의 주체가 사라졌기에 말을 해도 말을 하는 것이 아니고, 걸어가도 걸어가는 것이 아니다. 우리의 인식(認識)이 정화되는 것이다.

감성과 인식에서 모든 번뇌[5]가 사라져 이렇게 업을 짓지 않게 된 자는 다시는 이 윤회의 세계에 태어나지 않는 완전한 열반[6]에 들게 된다. 이런 열반만이 모든 생명체가 추구해야 할 궁극목표이

---

5) 번뇌는 크게 무명과 갈애로 양분된다. 전자는 인지적 번뇌, 후자는 감성적 번뇌라고 풀이할 수 있다.
6) 불교의 수행자가 추구하는 최고의 경지인 열반은 고대 인도의 문헌언어인 산스끄리뜨 어 nirvāṇa의 음역어로 '[번뇌의 불길을] 훅! 불어서 꺼버린다'는 의미이다. 살아 있는 상태에서 모든 번뇌를 제거했을 때 얻어지는 '깨달음의 열반'과 그렇게 깨달은 자가 목숨을 마칠 때 얻어지는 '완전한 열반[般涅槃, parinirvāṇa]'의 두 가지가 있다. 천신이든 인간이든 모든 생명체들은 죽은 후 반드시 또다시 태어난다. 이를 윤회라고 부른다. 그러나 완전한 열반에 든 자는 다시는 윤회의 세계에 들어오지 않는다. 완전한 열반이란 욕심과 분노와 교만과 어리석음을 모두 제거한 위대한 성자인 아라한에게만 가능한 축복이다.

다. 하늘나라든, 삼매[7]의 경지든 모두 윤회를 벗어나지 못한 상대적 세계일 뿐이기에 시간이 흐르면 언젠가 무너지고 만다. 번뇌를 모두 제거하여 다시는 윤회하지 않는 열반만이 절대적 경지이다.

어린 시절 이후 싯다르타 왕자를 번민하게 했던 모든 의문이 드디어 풀렸고 왕자는 모든 것을 깨달은 부처님이 되셨다[漏盡通]. 그리고 자리에서 일어나서 80세에 '완전한 열반'에 들 때까지 45년 동안 수많은 사람들에게 당신의 깨달음을 전하셨다.

부처님의 가르침은 네 가지로 요약된다. 첫째는 인간이든 짐승이든 하늘나라의 천신이든 모든 생명체의 삶은 궁극적으로 괴로운 것[苦]이라는 점에 대한 가르침이고, 둘째는 그런 괴로움의 원인[集]인 갖가지 번뇌와 어리석음에 대한 가르침이며, 셋째는 그런 번뇌와 어리석음을 제거할 때 만나게 되는 편안한 열반[滅]의 경지에 대한 가르침이고, 넷째는 그런 열반에 이르기 위해 실천해야 할 여덟 가지 올바른 길[道][8]에 대한 가르침이다. 이를 '네 가지 성스러운 가르침'이라는 의미에서 사성제(四聖諦)라고 부른다.

---

7) 요가 수행자들이 정신집중을 통해 얻는 행복의 상태.
8) 여덟 가지 올바른 길이란 ① 올바른 세계관[正見], ② 올바른 생각[正思], ③ 올바른 말[正語], ④ 올바른 행위[正業], ⑤ 올바른 생활[正命], ⑥ 올바른 노력[正精進], ⑦ 올바른 마음 단속[正念], ⑧ 올바른 삼매[正定]의 '팔정도(八正道)'이다.

2. 아비달마 불교도의 잘못된 태도와
   《반야경》의 가르침

　부처님께서 열반하신 후에도 얼마 동안은 이런 부처님의 가르침이 거의 그대로 전승되었으며 그에 의지해서 수행하던 수많은 사람들을 성인(聖人)으로 교육해 내었다. 그런데 부처님께서 열반하신 후 약 500여 년이 지나면서 많은 사람들이 부처님의 가르침을 오해하기 시작하였다.

　부처님께서 열반하신 후 부처님의 가르침에 대한 수많은 주석서가 제작되었다. 이들 주석서에 체계적으로 정리되어 있는 불교를 '부처님의 가르침[dharma]에 대한[abhi] 해설'이라는 의미에서 아비달마(阿毘達磨, Abhidharma) 불교라고 부른다. 한편 대승불교도(大乘佛敎徒)들은 이들의 가르침을 '아라한을 목표로 삼는 졸렬하고 열등한 가르침[小乘佛敎]'이라고 일방적으로 낮추어 부르기도 한다.

　그런데 이런 아비달마 불교는 불교 경전에 흩어져 있는 부처님의 가르침을 체계적으로 정리했다는 점에서 큰 기여를 하긴 했지만, 이를 교조적(教條的)으로 신봉하던 많은 사람들이 문자화된 가르침을 소중히 여기다 보니 부처님께서 애초에 가르침을 펼치셨던 근본 취지를 망각하고 말았다. 부처님께서는 모든 속박에서 벗어나 열반의 경지를 체득할 것을 가르치셨는데, 교조적 아비달마 불교도들은 그런 가르침[教法]에 의거하여 다른 모든 속박에서 벗어나려고 노력하긴 했지만, 가르침의 그물에서는 벗어나지 못했다. 비유한다면 뗏목을 타고 강 건너 언덕으로 가는 데 건너편에 도달한 사람들이 뗏목에서 내리려고 하지 않는 것과 마찬가지였다. 여기서 뗏목은 부처님의 교법에, 강 건너 언덕은 열반의 세계에 비유된다. 교법의 뗏목에서 완전히 내려오지 않은 이상 아직 열반의 저 언덕에 도달한 것이 아니다. 이러한 불교 이해를 아공법유(我空法有: 자아는 없지만 교법은 실재한다)라고 부른다.

 진정한 열반의 경지에는 그 어떤 것도 존재하지 않는다. 심지어 부처님의 교법조차 존재하지 않는다. 자아도 없지만 교법도 실재하지 않는다[我空法空]. 이것이 부처님의 궁극적 가르침이다.

 그래서 대승불교도들은 이런 가르침이 담긴 경전들을 새롭게 발굴하고 편집하여 '반야경'이라는 이름으로 유통시켰다. '반야(般若)'란 고대 인도의 문헌 언어인 산스끄리뜨 어 Prajñā(쁘라갸 또는 쁘라즈냐)의 음역어로 불교의 궁극적 지혜를 의미하는데, 수많은 《반야경》들 가운데 가장 짧은 경전인 《반야심경(般若心經)》에서는 이전 시대의 불교계에서 가르치던 교법에 대해 다음과 같이 비판한다.

…… 사리불(舍利弗)이여, 모든 것은 공(空)한데 그 모습은 다음과 같으니라. 발생하지도 않고 소멸하지도 않으며, 더럽지도 않고 깨끗하지도 않으며,…… 그러므로 공의 경지에는 물질도 없고, 느낌·생각·의지·마음도 없으며, 눈도 귀도 코도 혀도 몸도 생각함도 없으며, 형상도 소리도 냄새도 맛도 촉감도 생각된 것도 없으며,…… 무명(無明)도 없고 무명의 소멸도 없으며, 내지 노사(老死)도 없고 노사의 소멸도 없으며, 고집멸도의 사성제도 없고, 앎도 없고 도달도 없느니라.……[9)]

舍利子 是諸法空相 不生不滅 不垢不淨 不增不減 是故空中 無色 無受想行識 無眼耳鼻舌身意 無色聲香味觸法 無眼界 乃至無意識界 無無明亦無無明盡 乃至無老死亦無老死盡 無苦集滅道 無智亦無得.

여기서 청자(聽者)로 등장하는 사리불(舍利弗, Śāriputra)은 부처님의 십대 제자 중 지혜가 가장 뛰어난 아라한이었지만, 그 지혜는 부처님의 가르침을 교조적으로 신봉하는 소승의 지혜였다. 그래서 《반야심경》의 부처님은 당신께서 과거에 가르치셨던 모든 교법들이 궁극적으로는 실재하지 않는다고 말씀하시며 사리불에게 교법의 뗏목에서 내려올 것을 권하시는 것이다. 진정으로 깨달을 경우 우리는 일체 아무 것도 실재하지 않음을 알게 된다. 즉 모든 것이 공(空)함을 알게 된다.

초창기의 부처님께서는 '내가 존재하지 않는다[無我]' 는 사실을

---

9) 《반야바라밀다심경(般若波羅蜜多心經)》, 대정장 8, p. 848c.

가르치기 위해 '나라고 생각될 만한 것들'의 정체를 하나하나 살펴보라고 말씀하셨다. 우리는 몸[色]이나 느낌[受]이나 생각[想]이나 의지[行]나 마음[識] 가운데 어느 하나를 '나'라고 생각한다. 무엇이 '나'이기 위해서는 그것은 변치 않는 것이어야 한다. 그러나 이 다섯 가지 요소[五蘊] 모두 무상한 것, 변하는 것이기에 '나'일 수가 없다. 이것이 '내가 존재하지 않는다'는 무아의 가르침이다. 그런데 교조적 아비달마 불교도들은 이런 무아의 가르침을 '나는 없지만 다섯 가지 요소는 실재한다'는 가르침이라고 착각하였다.

그러나 엄밀히 보면 《반야심경》에서 가르치듯이, 몸과 같은 물질도 없고, 느낌·생각·의지·마음도 없으며, 눈도 귀도 코도 …… 형상도 소리도 원래 없다. 또 앞에서 부처님의 깨달음에 대해 소개하면서 설명했듯이 부처님께서는, '무명 때문에 업을 지어서 다시 태어난 후 노사(老死: 늙어 죽음)한다'는 윤회의 가르침과 '무명이 소멸함으로써 결국 노사도 소멸한다'는 열반의 가르침을 베푸셨다. 앞으로 이 책 2부 '15. 십이연기에 대한 소개'에서 자세히 설명하겠지만, 이를 십이연기(十二緣起)의 가르침이라고 부른다. 이런 십이연기의 가르침의 취지는 열반의 체득에 있었다.

그런데 교조적 아비달마 불교도들은 문자화되고 언어화된 십이연기의 가르침을 절대불변의 진리라고 집착하였다. 그러나 이런 가르침들은 모두 열반이라는 깨달음의 피안(彼岸: 저편 언덕)에 이르게 하기 위해 타고 가는 뗏목과 같은 것일 뿐이다. 뗏목으로 강을 건너 저편 언덕에 도달한 후에는 버려야 하듯이, 궁극적인 깨달음을 얻기 위해서는 부처님의 가르침에 대한 집착에서도 벗어나야 한다.

  위에 인용한 경문(經文)에서 노래하듯이, 진정한 깨달음의 경지인 공(空)의 경지에는 발생도 없고 소멸도 없으며 십이연기에서 가르치는 무명(無明)이나 무명의 소멸, 노사나 노사의 소멸도 없다. 또 사성제도 없고 깨달음에 도달했다는 생각도 없다. 이런 경지는 여기서 멀리 떨어진 어떤 다른 곳이 아니라, 지금 눈에 보이고 귀에 들리는 바로 지금 이곳에서 만나진다. 바로 이곳의 참모습이 텅 비어 공(空)하다는 말이다. 이를《반야심경》에서는 "모든 것은 공과 다르지 않고, 공은 모든 것과 다르지 않다. 모든 것이 공하지만, 공이 곧 이 모든 것이다[色不異空 空不異色 色卽是空 空卽是色 受想行識 亦復如是]."라고 표현한다. 모든 것이 고요해지는 열반은 우리가 살아 숨쉬는 바로 이곳에서 이루어진다. 열반의 저 언덕에 도달해 보니, 저 언덕은 바로 애초의 이 언덕이었던 것이다.

  《반야심경》에서 가르치듯이 궁극적 열반의 경지에는 부처님의 가르침조차 존재하지 않는다. 모든 것이 텅 비어 있다. 따라서 부처님의 가르침에 집착하는 교조적 아비달마 불교도들은 이제 가르침의 뗏목에서 내려와야 한다. 그러나 가르침의 뗏목에서 진정으로 벗어나기 위해서는 어째서 그 뗏목이 궁극적 열반의 언덕이 아닌지 스스로 체득해야 한다. 다시 말해 왜 모든 것이 공한지, 왜 부처님의 교법조차 공한지 철저히 알아야 한다. 이를 자각하지 못한 상태에서《반야경》의 결론만 수용하여 십이연기나 사성제와 같은 부처님의 가르침을 버리는 것은 그야말로 불교를 비방하는 꼴이 될 뿐이다.

3. 용수의 생애와 저술

부처님께서 열반하신 후 500여 년이 지난 무렵, 즉 기원 후 150년경 인도불교계에서 또 한 분의 위대한 영웅이 탄생하였다. 그가 바로《중론(中論, Madhyamaka-kārikā)》[10]의 저자 용수(龍樹, 150~250년경)다. 그의 원래 이름은 나가르주나(Nāgārjuna)이며, 용수는 이에 대한 한문 번역어이다. 대승불교 전통에서는 부처님 이후 생존했던 인물 가운데 가장 위대한 분으로 단연 용수를 꼽는다. 대승불교의 많은 사상들이 그 뿌리를 용수에 두고 있기 때문이다. 《반야경》역시 용수가 발굴하여 유포시킨 경전이라고 한다. 그리고《반야경》에 담긴 공사상(空思想)에 대해 논리적·분석적으로 해명하는 저술이 바로《중론》인 것이다.

용수에 대한 전기는 세 가지가 전해 온다. 하나는《중론》의 한문

---

[10] Madhyamaka-kārikā는 원래 '중송(中頌)'으로 직역된다. 엄밀히 말해《중론》은 용수의《중송》에 청목(靑目)이 쓴 주석서의 이름이지만, '용수의《중론》'이라는 관례적 표현에 따라 본서에서는 Madhyamaka-kārikā를《중론》으로 기술한다.

번역자인 구마라습(Kumārajīva, 344~413)의 《용수보살전》이고, 다른 두 가지는 티베트의 역사가 부뙨(Bu ston, 1290~1364)의 《불교사》에 기술된 용수의 전기와 따라나타(Tāranātha, 1575~1615년경)가 저술한 불교 역사서에 기술된 전기이다. 이 세 가지 저술에서 묘사하는 용수의 생애가 제각각이긴 하지만, 인도의 카스트제도에서 최상 계급인 바라문 출신이었다는 점, 출생지와 활동 지역이 인도의 남부 지방이라는 점, 어릴 때부터 총명하였고 바라문교의 경전인 《베다》에 정통했다는 점, 연금술에 조예가 깊었다는 점, 남인도의 왕과 친교가 깊었다는 점, 《반야경》과 같은 대승경전을 발굴해 내었다는 점 등은 공통된다.

신화적 내용이 많이 담겨 있긴 하지만 이 세 가지 문헌 가운데, 가장 오래된 구마라습의 《용수보살전》에 의거하여 용수의 생애에 대해 간략히 소개하면 다음과 같다.

용수(Nāgārjuna)는 부처님께서 열반하신 후 칠백 년경 인도 남부 지방에서 바라문의 아들로 태어났다. 아직 품안의 젖먹이였던 어린 시절, 바라문 사제들이 《베다(Veda)》 경전을 암송하는 소리만 듣고도 그 뜻을 모두 통달할 정도로 천성이 총명하였다.

성장하면서 천문학과 지리학·도술 등 온갖 학문을 두루 섭렵한 후, 네 명의 친구들과 함께 연금술사를 찾아가 몸을 보이지 않게 만드는 비법을 알아내었다. 인생에 있어서 최고의 즐거움인 음욕을 채우기 위해서였다. 그 후 이들은 은신술로 몸을 숨기고 왕궁에 잠입해 들어가 궁녀들을 농락하며 지냈다. 수개월이 지나, 많은 궁녀들이 임신을 하자 왕은 신하들에게 그 까닭을 물었다. 지혜가 뛰어났던 한 신하는 그것은 누군가가 도술을 부려 장난을 치기 때문이라고 말하며 출입구마다 고운 모래를 뿌려 놓으라고 권하였다. 은신술을 썼기에 몸은 보이지 않았지만 모래에 찍힌 발자국 때문에 정체가 발각된 세 친구는 허공을 휘젓는 병사들의 칼에 맞아 처참하게 살해되었다. 그러나 왕의 바로 옆에 숨어 있었던 용수는 목숨을 건질 수 있었다. 그때 용수는, 애욕은 즐거움의 원인이 아니라 모든 고통의 뿌리임을 처절하게 자각하였다.

  왕궁을 벗어난 용수는 곧바로 산에 들어가 한 불탑 앞에서 출가하여 스님이 된 후 석 달 만에 당시 유포되어 있던 모든 불경을 통달하였다. 그리곤 히말라야 산으로 들어가 한 늙은 스님에게서 대승불교 경전을 받아 연구해 보았으나 미진한 점이 많았다. 산에서 내려온 용수는 여러 나라를 유랑하며 또 다른 경전들을 찾아다녔다. 그러나 인도 땅에서는 더 이상의 경전을 구할 수가 없었다.

  이렇게 모든 불경을 연구해 보았으나 미흡한 점이 많다고 생각한 용수는 복장과 규범을 새롭게 제정하여 후학들을 지도하기로 작정하고 날을 잡아 수정으로 만들어진 고요한 방에 혼자 앉아 있었다. 그때 이를 불쌍히 여긴 대룡보살(大龍菩薩)이 나타나 그를 데리고 용궁으로 들어가 칠보로 된 상자 속에 담긴 심오하고 무량한 대승경전들을 보여 주었다. 용수는 석 달에 걸쳐 경전을 독송하여 자비심의 정수를 체득하고, 공(空)의 이치를 깨달은 후 남인도로 돌아와 수많은 저술과 토론을 통해, 외도(外道)와 소승불교도들을 굴복시킴으로써 대승의 가르침을 널리 펼치게 되었다.

그러던 어느 날 주술에 능한 한 바라문의 도전을 받았다. 왕이 지켜보는 가운데 두 사람은 대결을 벌이게 되는데 먼저 바라문이 주술의 힘으로 넓은 연못을 만든 후 그 가운데 피어 있는 커다란 연꽃 위에 앉아 용수를 조롱하며 함께 논쟁을 벌이자고 말하였다. 그러자 용수도 주술을 부려 상아가 여섯 달린 흰 코끼리로 변하여 연못으로 들어가 바라문을 제압하였다. 바라문은 즉각 용수에게 무릎을 꿇고 용서를 빌었다.

말년에 용수는 한 소승불교도의 시기를 받았다. 세속의 일을 모두 마쳤다고 생각한 용수는 소승불교도에게 물었다.

"그대는 내가 이 세상에 오래 머물러 있기를 바라는가?"

소승법사는 대답하였다.

"솔직히 말해 그렇지 않길 바랍니다."

이 말을 들은 용수는 빈방으로 들어가 며칠이 지나도록 나오지 않았다. 제자 가운데 한 사람이 창문을 부수고 안을 들여다보았을 때는 보살께서 마치 매미가 허물을 벗듯이 열반하신 다음이었다.

그의 이름을 용수(龍樹), 즉 나가르주나(Nāgārjuna)라고 하는 이유는 용(龍, Nāga)의 인도를 받아 깨달음을 얻고, 어머니가 아르주나(Arjuna)라는 나무[樹] 아래에서 그를 출산하였기 때문이다.[11]

용수는《중론》이외에도 수많은 저술을 남기고 있는데 그 가운데 대표적인 것은 다음과 같다.

---

11) 용(龍)은 Nāga의 의역어이고, 수(樹)는 Arjūna의 음역어라고 볼 수도 있다.

1. 《중론(中論, Madhyamaka Kārikā)》
2. 《회쟁론(廻諍論, Vigrahavyāvartanī)》
3. 《육십송여리론(六十頌如理論, Yuktiṣaṣṭikā)》
4. 《공칠십론(空七十論, Śūnyatāsaptati)》
5. 《광파론(廣破論, Vaidalyaprakaraṇa)》
6. 《십이문론(十二門論)》
7. 《인연심송(因緣心頌, Pratītyasamutpādahṛdayakārikā)》
8. 《보행왕정론(寶行王正論, Ratnāvalī)》
9. 《권계왕송(勸誡王頌, Suṛllehkha)》
10. 《대지도론(大智度論)》
11. 《십주비바사론(十住毘婆沙論)》
12. 《방편심론(方便心論)》

이 가운데 《중론》, 《회쟁론》, 《육십송여리론》, 《공칠십론》, 《광파론》을 '논리적으로 진리를 드러내는 다섯 가지 저술'이라는 의미에서 오여리론(五如理論)이라고 부른다. 그 내용이 《중론》의 범위를 크게 벗어나지 않는 《십이문론》은 중국불교계에서 《중론》, 《백론(百論)》과 함께 '삼론(三論)'이라고 불리며 심도 있게 연구되었다. 《인연심송》은 십이연기의 가르침에 대한 삼세양중인과적(三世兩重因果的) 해석[12]을 게송으로 요약한 저술이며, 《보행왕정론》과 《권계왕송》에는 재가불자인 왕이 닦고 따라야 할 가르침이

---

12) 이 책 2부 '15. 십이연기에 대한 소개' 참조.

정리되어 있다. 《대지도론》은 《반야경》 가운데 하나인 《마하반야바라밀경》에 대한 해설서로 총 100권에 이를 정도로 그 양이 방대하다. 《십주비바사론》은 《화엄경》의 일부인 〈십지품〉에 대한 주석서이고, 《방편심론》은 공(空)의 관점에서 저술된 논리학 개론서이다.

일부 불교학자들은 이들 가운데 《십이문론》, 《대지도론》, 《십주비바사론》, 《방편심론》 등은 용수의 저술이 아닐 수 있다고 비판하지만, 어쨌든 그에 담긴 내용은 용수사상의 범위에서 크게 벗어나지 않는다.

4. 《중론》의 내용과 특징

불교의 지혜를 얻는 방법에는 두 가지가 있다. 하나는 '직관'이고 다른 하나는 '분석'이다. '직관'은 어떤 대상이나 의미를 생각의 매개 없이 직접 알아내는 방법이고, 분석은 우리의 생각을 통해 따져 봄으로써 이를 알아내는 방법이다. 직관은 순간적으로 모든 것을 파악한다는 점에서 뛰어난 방법이지만, 언제 누구에게 그런 직관이 생길지 알 수 없다는 것과 그런 직관이 생겨도 이를 남에게 전달하기가 쉽지 않은 지극히 주관적인 방법이라는 것이 큰 약점이다. 이와 반대로 '분석'은 언어와 사유에 의해 이루어지기에 생각을 통해 차근차근 따져 볼 경우 누구나 이해할 수 있는 객관적 방법이라는 것이 장점이지만, 문제의 본질에 도달하기까지 오랜 시간과 노력과 인내가 필요하다는 점에서 부담스러운 방법이다. 《중론》에서는 이 두 가지 가운데 후자의 방법을 사용한다.

《중론(中論)》은 '중도(中道)에 대해 논리적(論理的)으로 해명한 문헌'인데 여기서 말하는 중도는 '사상적 중도'를 의미한다. 불교에서 말하는 중도의 가르침에는 '사상적 중도'와 '실천적 중도'의 두 가지가 있다. 실천적 중도란 '깨달음을 추구하는 수행자는 자기를 괴롭히는 고행만 해서도 안 되지만, 세속의 쾌락에 탐닉하거나 삼매의 즐거움만 추구해서도 안 된다'는 수행방법에 대한 가르침으로 고락중도(苦樂中道)라고 부른다. 이와 달리 사상적 중도는 무엇이 있다거나 없다고 보는 우리의 사고방식, 또는 무엇과 무엇이 같다거나 다르다고 보는 등의 사고방식에 대한 비판을 의미한다. 이런 비판은 부처님께서 깨달으신 보편법칙, 즉 '모든 것이 얽혀서 일어난다'는 '연기(緣起)'의 법칙에 토대를 두고 이루어지는데, 있다거나 없다는 양극단을 떠난 중간의 그 무엇을 제시하기에 중도라고 부르는 것이 아니라, 양극단 모두를 비판하기에 중도라고 부르는 것이다. 《중론》의 '중(中)'자에는 이렇게 '비판'의 의미가 담겨 있다.

아무리 위대한 부처님의 가르침이라고 하더라도 그것이 언어로 표현되기 위해서는 '있다'거나 '없다', 또는 '같다'거나 '다르다'는 등의 분별된 모습을 띠어야 한다. 그러나 그렇게 분별되어 정리되는 순간 가르침의 진정한 의미가 훼손되고 만다. 부처님께서 가르치신 '연기'란 '생명과 세계가 모두 얽혀 있다'는 진리를 의미하는데, 우리가 이를 생각과 언어와 문자에 의해 표현하기 위해서는 낱낱의 단어를 사용하지 않을 수 없다. 모든 것이 얽혀 있음을 다른 사람들에게 알려 주려 하지만, 단어들로 이루어진 문장을 통해 이를 듣는 사람은 이 세상이 그런 각 단어에 해당하는 구성요소로 나누어져 있다고 오해하게 된다.

아비달마 불교도들이 부처님의 가르침을 언어와 문자에 의해 체계적으로 정리하긴 했으나, 숙명적으로 이와 같은 자기모순을 안고 있었다. 그래서 《반야경》에서는 공(空)의 가르침을 통해 이를 비판하였고, 용수는 《중론》을 저술함으로써 《반야경》의 공사상을 논증했던 것이다.

《중론》은 총 27장에 걸친 450여 수의 게송[13]으로 이루어져 있는데 각 장의 내용을 간략히 요약하면 다음과 같다.

> 제1장 관인연품(觀因緣品): '무엇이 발생한다'는 생각에 대한 분석
> 제2장 관거래품(觀去來品): '무엇이 움직인다'는 생각에 대한 분석
> 제3장 관육정품(觀六情品): '눈이 무엇을 본다'는 생각에 대한 분석
> 제4장 관오음품(觀五陰品): '물질은 요소로 이루어져 있다'는 이론에 대한 분석
> 제5장 관육종품(觀六種品): '허공은 특징을 갖는다'는 이론에 대한 분석
> 제6장 관염염자품(觀染染者品): '누가 탐욕을 낸다'는 생각에 대한 분석
> 제7장 관삼상품(觀三相品): '모든 존재는 생주멸(生住滅)한다'는 이론에 대한 분석
> 제8장 관작작자품(觀作作者品): '행위자가 행위한다'는 생각에 대

---

13) 인도의 음절시, 또는 음운시. 여러 가지 형식의 게송들이 있으나 《중론》의 각 게송들은 16음절로 이루어진 쓸로까(Śloka) 형식의 시 두 수, 즉 총 32음절을 갖는 시로 제작되었다.

한 분석

제9장 관본주품(觀本住品): '나에게 눈·귀·코가 달려 있다'는 생각에 대한 분석

제10장 관연가연품(觀燃可燃品): '불이 연료를 태운다'는 생각에 대한 분석

제11장 관본제품(觀本際品): '삶과 죽음의 관계'에 대한 분석

제12장 관고품(觀苦品): '내가 무엇을 한다'는 생각에 대한 분석

제13장 관행품(觀行品): '사물이 변화한다'는 생각에 대한 분석

제14장 관합품(觀合品): '지각기관과 대상과 주체의 결합'에 대한 분석

제15장 관유무품(觀有無品): '사물에 실체가 있다'는 이론에 대한 분석

제16장 관박해품(觀縛解品): '속박으로부터 해탈한다'는 이론에 대한 분석

제17장 관업품(觀業品): '업과 과보'의 이론에 대한 분석

제18장 관법품(觀法品): '자아가 존재한다'는 이론에 대한 분석

제19장 관시품(觀時品): '시간이 존재한다'는 생각에 대한 분석

제20장 관인과품(觀因果品): '인과 관계'에 대한 분석

제21장 관성괴품(觀成壞品): '발생과 소멸의 관계'에 대한 분석

제22장 관여래품(觀如來品): '여래의 존재'에 대한 분석

제23장 관전도품(觀顚倒品): '전도된 생각'에 대한 분석

제24장 관사제품(觀四諦品): '공사상'에 대한 비판과 그에 대한 반박

제25장 관열반품(觀涅槃品): '열반의 의미'에 대한 분석

제26장 관십이인연품(觀十二因緣品): '십이연기설'에 대한 설명

제27장 관사견품(觀邪見品): '윤회에 대한 잘못된 이해'에 대한 비판

이렇게 총 27장으로 구성되어 있는 《중론》에서 어떤 체계를 추출해 내기는 쉽지 않다. 과거 중국의 길장(吉藏, 549~623)이나 티베트의 쫑카빠(Tsong kha pa, 1357~1419) 등이 《중론》 각 장의 배열 방식에 대해 해명하기 위해 나름대로 시도한 적은 있으나 양자의 견해 역시 일치하지 않는다. 불생(不生)을 논증하는 제1장과, 불거(不去)를 논증하는 제2장이 《중론》의 총론을 구성한다는 점, 말미의 제26장은 제1장과 관계가 되고, 제27장은 제2장과 관계가 된다는 점, 제22장에서 제25장까지는 불교의 수행과 관계된 내용을 그 소재로 삼고 있다는 점 정도에서만 전체 구성과 관련된 저자의 의도를 감지할 수 있을 뿐이다. 또 설혹 총 27장 각각의 관계를 찾아내었다고 해도 그것이 《중론》의 이해에 결정적 영향을 주는 것은 아니다. 《중론》은 어떤 체계를 갖는 논서가 아니라 공의 논리를 가르치는 '연습문제집'과 같은 논서이기 때문이다.

《중론》은 어떤 세계관을 구성하여 제시하는 책이 아니라, 이론화된 불교, 언어화된 불교를 공의 논리를 통해 해체하는 책이다. 비단 불교의 가르침뿐만 아니라, 우리의 일상의 사고(思考)에 의해 구성된 모든 판단과 이론들이 궁극적으로 해체되지 않을 수 없다는 점을 총 27장에 걸쳐 되풀이해서 가르치는 책이다.

따라서 《중론》을 올바로 공부하기 위해서는 《중론》에 쓰여 있는 갖가지 선언(宣言)들을 암기하려 해서는 안 되고, 《중론》에서 구사

하는 해체의 논리를 터득해야 한다. 다시 말해 '눈도 없고 코도 없다.…… 사성제도 없고 십이연기도 없다'는 것과 같은 주장들을 암기하려 해서는 안 되고, 눈이나 코와 같은 존재나, 사성제와 십이연기와 같은 이론들을 해체시키는 논리를 익혀야 한다.

《중론》의 총 27장에서 다루는 개념과 이론들은 모두 다르지만, 그런 개념과 이론들이 해체되는 논리는 동일하다. 4구비판(四句批判)의 논리가 그것이다. 4구(四句)란 우리의 '생각'이 만들어 낼 수 있는 네 가지 방향의 판단을 의미한다. 그 어떤 대상이라고 하더라도 그것에 대해 우리가 내릴 수 있는 판단은 네 가지를 벗어나지 못한다. 첫째는 긍정이고, 둘째는 부정이며, 셋째는 긍정하면서 부정하는 것이고, 넷째는 긍정하지도 않고 부정하지도 않는 것이다. 예를 들어 이 우주의 끝과 관련하여 '우리의 생각'은 다음과 같은 네 가지 판단을 떠올릴 수 있으며 이들 각각을 순서대로 제1구, 제2구, 제3구, 제4구라고 부른다.

  제1구: 이 우주에는 끝이 있다.
  제2구: 이 우주에는 끝이 없다.
  제3구: 이 우주에는 끝이 있으면서 끝이 없다.
  제4구: 이 우주에는 끝이 있지도 않고 끝이 없지도 않다.

또 정신과 육체의 관계에 대해서는 다음과 같이 네 가지 판단을 작성할 수 있다.

제1구: 정신과 육체는 같다.
제2구: 정신과 육체는 다르다.
제3구: 정신과 육체는 같으면서 다르다.
제4구: 정신과 육체는 같지도 않고 다르지도 않다.

이런 것들이 우리의 생각이 만들어 낼 수 있는 네 가지 판단, 즉 4구의 실례인데 《중론》에서는 총 27장에 걸쳐 갖가지 개념들을 소재로 삼아 만들어진 네 가지 판단 각각에서 논리적 오류를 찾아내어 비판한다.

이런 '4구비판의 논리'는 우리의 일상적 사고방식을 모두 허물어뜨리기에 '해체의 논리'라고 부를 수 있고, 《반야경》의 공(空)사상을 논증하는 논리이기에 '반야의 논리', 또는 '공의 논리'라고 부를 수도 있다. 또 초기불교의 연기(緣起)사상에 토대를 두고 구사되기에 '연기의 논리'라고 부를 수도 있고, 4구로 대립하는 극단적 이론들을 모두 비판하는 논리이기에 '중도(中道)의 논리'라고 부를 수도 있으며, 갖가지 개념들을 고요한 열반에 들게 하는 논리이기에 '열반의 논리'라고 부를 수도 있다. 또한 철학적·종교적 분별의 고통에서 우리를 벗어나게 해 주는 논리이기에 '해탈의 논리'라고 부를 수도 있으며, 중도적인 조망[觀]을 제공하는 논리라는 의미에서 '중관논리(中觀論理)'라고 부를 수도 있고, 논리적 사유를 통해 쌓아 올려진 생각을 논리적 사유에 의해 비판하기에 '반논리(反論理)의 논리'라고 부를 수도 있다.

5. 《중론》을 공부하는 방법

우리의 '앎'에는 두 가지가 있다. 하나는 '지식'이고 다른 하나는 '지혜'다. 이 두 가지 앎은 그 성격이 상반된다. '지식'은 쌓아서 이룩되고 지혜는 부수어서 얻어진다. 《중론》은 지식을 주는 책이 아니라 지혜를 주는 책이다. 《중론》의 게송들을 읽으며 그 의미를 곰곰이 생각할 때 우리가 그 전까지 갖고 있던 고정관념들이 하나 둘 무너지기 때문이다.

다른 모든 종교와 마찬가지로 불교에서도 믿음을 중시한다. 삶과 죽음, 생명과 세계의 모든 문제를 해결하신 부처님[佛]에 대한 믿음과, 부처님께서 남기신 가르침[法]에 대한 믿음과, 그런 가르침에 따라서 수행하는 스님[僧]들에 대한 믿음이 그것이다. 불교에서는 부처님과 가르침과 스님을 세 가지 보물이라는 의미에서 '삼보(三寶)'라고 부른다. 그런데 이렇게 삼보에 대한 믿음에서 시작하여 부처님의 가르침을 공부하고 수행하며 실천한다고 하더라도, 그것이 맹목적인 추종이 되어서는 안 된다. 가르침을 배웠으면, 그 가르침이 이치에 맞는지 곰곰이 생각해 보아야 하고, 그래서 가르침에 대한 확신이 생겼을 때 그에 따라 수행하며 살아가야 한다. 이를 듣고[聞] 생각[思]한 후 실천[修]하는 세 가지 지혜[三慧]라고 부른다. 이 세 가지 과정은 대개 차례대로 일어난다.

부정관(不淨觀: 더러움에 대한 관찰)이라는 불교 수행법을 예로 들어 이에 대해 설명하면 다음과 같다. 부정관이란 자신의 몸이 배설물과 피와 고름과 체액 등 더러운 것으로 가득 차 있으며, 죽은 후에는 시체가 되어 썩어 버릴 것이라는 사실을 되풀이해서 떠올리는 수행으로 재물에 대한 욕심이나 명예욕이나 음욕과 같은 탐욕이 많은 사람의 감성을 정화하는 수행이다. 부정관을 하기 위해서는 먼저, 경전을 보거나 스승의 지도를 통해 그 방법을 배워야 한다[聞]. 그리고 부정관에서 가르치듯이 자신의 몸이 더러운 것으로 가득 차 있고, 죽은 후 시체가 되어 썩어 갈 것인지 생각해 보아야 한다[思]. 그렇다는 점이 자각되었으면, 재물욕이나 명예욕 등이 제거될 때까지 부정관 수행을 한다[修].

그런데《중론》을 공부하는 경우에는 이렇게 듣고, 생각하고, 실천하는 세 가지 과정이 동시에 발생한다.《중론》의 논리적인 게송을 읽으면서 용수가 제시하는 분석의 궤적을 차근차근 따라가다 보면, 우리의 사유가 차츰 정화되기 때문이다.《중론》을 읽으며[문], 그 의미에 대해 따져 보는 것[사] 자체가 우리의 사고방식을 정화하는 수행[수]인 것이다.

불교 수행의 목적은 우리 마음속의 삼독심(三毒心)을 제거하여 더 이상 윤회하지 않는 열반에 드는 것이다. 삼독심이란 우리를

불행하게 하는 세 가지 마음으로 탐욕[貪]과 분노[瞋]와 어리석음
[癡]을 말한다. 이 가운데 '어리석음'이란 '소'나 '말'과 같은 가축
처럼 지능이 낮아 어리석은 것이 아니라, 정상적인 지능을 가졌는
데도 잘못된 종교관이나 세계관을 옳다고 착각하는 어리석음을
의미한다. 탐욕과 분노가 정서적 번뇌라면 어리석음은 지적(知的)
인 번뇌에 속한다. 《중론》은 삼독심 가운데 지적인 번뇌인 '어리
석음'을 제거해 주기 위해 저술되었다.

현재 전 세계의 불교권은 우리나라를 포함한 북방의 대승 한문
불교권과, 남방의 소승 상좌부 불교권, 그리고 밀교[14]를 신봉하는
티베트 불교권의 세 영역으로 나누어진다. 이 가운데 티베트 불교
권에서는 밀교 수행에 들어가기 전에 닦는 단계적 수행체계 가운
데 가장 높은 곳에 《중론》을 위치시킨다. 예비 수행을 통해 심성이
어느 정도 정화된 사람에 한해 《중론》을 공부할 자격을 부여하는
것이다. 다시 말해 탐욕과 분노와 같은 감성이 어느 정도 정화된
사람에 한해 《중론》에서 가르치는 공의 지혜를 공부할 자격을 주
는 것이다.

《중론》은 지적인 깨달음을 제공한다. 그러나 그것이 온전한 깨
달음이 되기 위해서는 그 이전에 탐욕이나 분노, 교만과 같은 감성
을 정화하는 일이 선행되어야 한다. 그리고 티베트 불교에서 가르
치는 이러한 단계적 수행은 부처님의 일생을 그대로 반영하는 것

---

14) 밀교란 '대승논서의 현학주의를 극복하고 시청각 도구와 놀이를 통해 불교를 체
득케 하는 민중불교'라고 정의할 수 있다.

이기도 하다. 부처님께서 29세에 출가하신 후 35세에 보리수 아래에 앉아 지적인 수행에 들어가셨지만, 부처님의 경우는 출가 이전에 '모든 생명을 내 몸과 같이 대하는 심성'과 '세속적 향락을 멀리 하는 심성'이 이미 모두 완성되어 있었다. 전자를 자비심(慈悲心)이라고 부르고 후자를 출리심(出離心), 또는 염리심(厭離心)이라고 부른다.

이 책의 1부 '1. 석가모니 부처님의 깨달음'에서 소개했듯이 열두 살 어린 나이에 약육강식의 현장을 보고 비감에 젖었던 농경제의 일화가 부처님의 선천적 '자비심'을 증명하고, 호화로운 궁궐을 버리고 출가 수행자가 되었다는 점이 부처님의 '출리심'을 증명한다. 출리심은 앞에서 소개했던 부정관 수행에 의해 강화되고 자비심은 자비관이라는 수행에 의해 키워진다. 자비관은 다른 모든 생명체의 고통을 공감하고 모든 생명체가 행복하기를 바라는 마음을 계속 떠올리는 수행이다.

부처님께서는 제자들에게 이런 부정관과 자비관 수행을 자주 권하셨다. 그러나 부처님 스스로 부정관과 자비관을 닦았다는 기록은 없다. 부처님은 출가하기 이전부터 자비심과 출리심이 완성된 분이었기에 출가 후 이 두 가지 수행을 닦을 필요가 없었던 것이다. 그래서 보리수 아래에 앉은 부처님께서는 탐·진·치의 삼독심 가운데 치심을 없애는 지적인 수행만 하셨던 것이다.

불교 신도들은 부처님을 닮기 위해 수행을 한다. 그런데 부처님을 닮기 위해서는 출가 후 보리수 아래서 체득하신 부처님의 지적인 깨달음도 배워야 하겠지만, 부처님께서 출가하기 이전에 갖추고 있었던 부처님의 감성, 즉 자비심과 출리심을 먼저 익혀야 한다. 우리가 《중론》을 공부하려 할 때 명심해야 하는 것도 바로 이 점이다. '모든 것이 공하다'고 가르치는 《중론》은 삼독심 가운데 '지적인 어리석음'인 치심(癡心)을 제거해 주는 역할만 할 뿐이기에 그 이전에 탐욕과 분노를 제거해 주는 부정관과 자비관 수행을 어느 정도 익혀야 한다는 말이다. 그렇지 못할 경우 《중론》을 통해 얻어진 어설픈 공(쏘)의 조망은 나를 해칠 수가 있다. 마치 '주문을 잘못 외거나 독사를 잘못 잡는 경우 자신을 해치게 되듯이[제24 관사제품]', '공에 대한 어설픈 이해'가 나의 이기적인 마음이나 교만한 마음을 충족시키는 도구로 사용되거나 세속에서의 선악 판단을 흐리게 만들 수도 있다.

윤회의 세계에서 해탈하고 싶은 '출리심'이 마음 깊이 뿌리를 내리고 있고, 이런 해탈을 나뿐만 아니라 다른 모든 중생에게 가르치고 전해 주고 싶은 '자비심' 역시 충만해 있어야 수행자는 비로소 다리를 꼬고 앉아 '삼매수행'에 들어가게 된다. 삼매란 정신집중을 의미하는데, 수행자가 정신집중을 하는 이유는 분석과 관찰을 통해 지혜를 계발할 때 마음이 흐트러지지 않게 하기 위해서이다.

《중론》에 의거한 불교의 수행 전통이 지금도 그대로 살아 있는 티베트의 수행자들은 《중론》을 이용하여 지혜의 계발에 들어가기 전에 부처님의 모습을 눈앞에 떠올리는 훈련을 한다. 부처님의 모습을 도구 삼아 삼매에 드는 연습을 하는 것이다. 이 수행을 위해서는 먼저 마음에 드는 불상이나 불화를 구해서 거기에 표현되어 있는 부처님의 모습을 자세히 관찰한다. 눈을 감고도 세부적인 모습을 모두 기억할 수 있을 정도로 암기하며 관찰한 후 가부좌를[15] 틀고 앉아, 눈을 반쯤 뜬 후 눈앞에 자신이 암기했던 부처님의 영상이 뚜렷하게 떠오를 때까지 마음을 집중한다. 부처님의 영상이 떠올라 흐트러지지 않게 되었을 때, 다시 말해 마음이 너무 처지지도 않고, 들뜨지도 않은 가뿐한 상태[心身의 輕安]에서 마음을 한 곳에 집중[心一境性]할 수 있게 되었을 때, 그러한 집중력(止, Śamatha)에 토대를 두고 '법무아(法無我)'와 '인무아(人無我)', 즉 자아든 법이든 그 실체가 없다는 아공(我空)과 법공(法空)의 진리에 대한 분석적 관찰(觀, Vipaśyanā)을 하는 것이다.[16]

그런데 이런 분석적 관찰 이전에, 수행자는 '무아'와 '공'의 진리에 대한 올바른 통찰을 갖추어야 하며 무아와 공에 대해 이해하는 과정에서 《중론》의 게송들이 사용된다. 그 후 《중론》을 통해 알게 된 무아와 공의 의미에 대해 정신을 집중하는 지(止)의 수행에 들어가고 이어서 그런 집중을 유지하면서 그 의미에 대해 분석[觀]하다가 분석적 사유가 지나쳐 마음이 흐트러지면 다시 지(止) 수행에 들어간다. 이런 과정을 되풀이하는 것이 티베트에서 권하는 《중론》의 공부 방법이다.

요컨대 탐욕이나 분노, 교만한 마음과 같은 감성을 먼저 어느 정도 정화하고 나서 삼매에 들어간 후, 그런 삼매의 상태에서 논리적

---

15) 부처님과 같이 다리를 포개어 꼬고 앉는 것.
16) 총카빠의 《보리도차제론》에서는 《중론》 제18 〈관법품〉에 의거해 인무아, 즉 아공에 대해 설명하고, 불생(不生)의 논증을 통해 법무아, 즉 법공에 대해 설명한다.

분석을 통해 《중론》의 게송이 의미하는 바를 하나하나 따져 보는 것이다. 그리고 그러한 논리적 분석의 말미에서 '모든 것이 공하다'는 점이 철저히 직관되었을 때, 아직 정화되지 못했던 미세한 번뇌들까지 모두 녹아 없어지며, 우리는 아라한이나 부처님과 같은 성자가 되는 것이다.

그러면 이상과 같은 기초 지식에 토대를 두고 《중론》의 게송 가운데 일부를 차근차근 읽어 보며 4구비판의 논리, 공의 논리, 연기의 논리, 반논리의 논리인 중관논리를 익혀 보자.

2부
가려 뽑은 《중론》

1. 부처님께 바치는 노래

《중론》은 다음과 같은 귀경게(歸敬偈)로 시작한다.

발생하는 것도 없고[不生][1] 소멸하는 것도 없으며[不滅]
서로 이어진 것도 아니고[不常] 서로 끊어진 것도 아니며[不斷]
서로 같지도 않고[不一] 서로 다르지도 않으며[不異]
어디선가 오는 것도 아니고[不來] 어디론가 가는 것도 아니며[不去][2]

---

[1] 또는 무생(無生)이나 비생(非生). 'There is not a boy' 와 'He is not a boy' 와 'He is not happy' 라는 문장에서 '없다' 와 '아니다' 와 '않다' 가 모두 'is not' 으로 표기되는 데서 볼 수 있듯이, 인도-유럽 어족에서는 '무(無, 없다)' 와 '비(非, 아니다)' 와 '불(不, 않다)' 을 구분하지 못한다. 같은 인도-유럽 어족에 속하는 산스끄리뜨의 경우도 마찬가지다. 위에서 '불생' 으로 번역된 산스끄리뜨 어 'anutpāda' 에서 부정을 뜻하는 접두사 'an' 은 무(無)나 비(非)나 불(不)로 모두 번역될 수 있다.

[2] 구마라습의 한역문에서는 이를 불출(不出)이라고 번역하지만 그 의미는 불거(不去)와 다르지 않다. 산스끄리뜨 어 'a-nir-gamam' 에 사용된 'nir(away)' 의 의미를 살려 번역할 경우 불출이 되지만, 'nir' 는 śloka 시형식의 음절수를 맞추기 위

온갖 망상을 잠재우며[戱論寂滅] 상서로운[吉祥]

'연기(緣起)의 진리'를 가르쳐 주신 부처님,

최고의 스승이신 그분께 머리 조아려 예배드립니다.

不生亦不滅 不常亦不斷 不一亦不異 不來亦不出 能說是因緣 善滅諸戱論 我稽首禮佛 諸說中第一.

— MK.[3] 1-1, 1-2

이 게송에서 가장 중요한 단어는 '연기(緣起)'이다. 연기란 쉽게 말해 '얽혀서 발생한다'는 것을 의미한다. 석가모니 부처님은 35세에 보리수 아래에 앉아 마음을 고요히 가라앉히고 선(禪)[4]의 경지에 들어가 '세상만사가 모두 얽혀서 발생한다'는 연기의 진리를 발견함으로써 삶과 죽음에 대한 모든 번민에서 벗어나셨다. 그리고 80세에 사라쌍수 아래에서 열반하실 때까지 45년 간, 자신이 깨달은 연기의 지혜와 그런 지혜를 얻기 위한 수행 방법을 가르치셨다. 그 후 500여 년이 지나 용수는 연기의 진정한 의미에 대해

해서 삽입된 조음사로 볼 수 있기에 굳이 그 의미를 살려 이해할 필요가 없다.
3) 여기서 MK.는 중론송(Madhyamaka Kārikā)을 의미하며 이어지는 숫자는 품(品, 장)의 수와 게송이 실린 순서를 나타낸다. 예를 들어 총 25수의 게송으로 이루어진 제2 〈관거래품〉 가운데 세 번째 게송은 'MK. 2-3'으로 표기된다. 《중론》의 산스끄리뜨 문과 구마라습의 한역문, 그리고 그에 대한 청목의 해설에 대한 번역은 '김성철 역, 《중론(中論)》(경서원 간)'을 참조하기 바람.
4) 선나(禪那)의 준말. 산스끄리뜨 어 dhyāna, 또는 빠알리 어 jhāna의 음역어. 사유수(思惟修), 또는 정려(靜慮)라고 의역하는 데서 알 수 있듯이, '마음을 가라앉힘[止]'과 '세상을 관찰함[觀]'이 함께 하는 수행이다. 일상 속에서 '곰곰이[止] 생각하는[觀] 행위'를 수행법으로 체계화시킨 것에 다름 아니다.

위와 같이 열 가지 수식어로 묘사한 후 이를 가르치신 부처님을 찬탄하는 것이다.

《중론》에 대한 전통 해설서에서는 연기에 대한 열 가지 수식어 중, 부정적으로 표현된 앞의 여덟 가지 수식어, 즉 팔불(八不)의 의미에 대해 '원인인 씨앗과 그 결과인 싹'을 예로 들어 다음과 같이 설명한다.

- 불생(不生): 씨앗에서 싹이 틀 때, 씨앗에서 싹이 발생하는 것이 아니다.
- 불멸(不滅): 씨앗에서 싹이 틀 때, 씨앗이 완전히 소멸하는 것이 아니다.
- 불상(不常): 씨앗에서 싹이 틀 때, 씨앗이 싹으로 그대로 이어지는 것이 아니다.
- 부단(不斷): 씨앗에서 싹이 틀 때, 씨앗과 싹이 단절된 것이 아니다.
- 불일(不一): 씨앗에서 싹이 틀 때, 씨앗과 싹이 완전히 동일한 것이 아니다.
- 불이(不異): 씨앗에서 싹이 틀 때, 씨앗과 싹이 전혀 다른 것이 아니다.
- 불래(不來): 씨앗에서 싹이 틀 때, 싹이 다른 어느 곳에서 오는 것이 아니다.
- 불거(不去): 씨앗에서 싹이 틀 때, 씨앗이 그대로 싹으로 가는 것이 아니다.

'연기'라는 말이 의미하듯이, 세상만사는 모두 다른 것과 얽혀서 발생한다. 홀로 발생하는 것은 없다. 싹은 반드시 그 씨앗이 있어야 발생할 수 있다. 다시 말해 싹은 씨앗 등에 의존하여, 얽혀서 발생한다. 그런데 얽혀서 발생하는 것, 즉 연기하는 것은 우리의 생각으로 묘사할 수 없다. 우리의 '생각'은 흑백논리에 따라 작동하기 때문이다. '생각이란 놈'은 있음[有]을 부정하면 없음[無]을 떠올리고, 같음[一]을 부정하면 다름[異]을 떠올리게 마련이다. '싹의 발생'이 생각의 대상이 될 경우, 씨앗에 '없던' 싹이 발생하는 것이라고 생각하든지, 씨앗에 '있던' 싹이 발생하는 것이라고 생각할 뿐이다. 앞에서[5] 소개한 바 있지만, 중관논리에서는 부정표현인 전자를 제2구(句) 판단, 긍정표현인 후자를 제1구 판단이라고 부른다. 그런데 두 경우 모두 논리의 오류를 범한다.

첫째, 싹이 씨앗 속에 미리 존재했다면 싹이 다시 발생할 필요가 없을 것이다. 미리 존재하는 것을 다시 만들어 낼 필요가 없기 때문이다. 미리 존재하는 데도 굳이 다시 만들어 낸다면 싹이 두 개가 되는 오류에 빠진다. '애초에 싹을 만들기 위해 씨앗 속에 존재하던 싹'과 '나중에 만들어져 발생한 싹'이라는 두 가지 싹이 존재해야 하기 때문이다. 앞의 것은 싹을 '발생케 하는 싹'이고 뒤의 것은 그렇게 해서 '발생된 싹'이다. 그러나 하나는 두 개가 될 수 없다. 씨앗에서 싹이 발생하는 과정에 대해 제1구의 방식으로 이해하면 이렇게 하나의 싹이 두 개로 분열되는 오류가 발생한다[제1

---

5) 이 책 1부 '4. 《중론》의 내용과 특징' 가운데 4구(四句)에 대한 설명 참조(p. 36).

구 비판].

둘째, 그와 반대로 어떤 싹이 애초의 씨앗 속에 전혀 존재하지 않는다고 해도 오류에 빠진다. 애초의 씨앗은 싹과 아무 관계가 없다는 뜻이기 때문이다. 애초의 씨앗이 거기서 나올 싹과 아무 관계가 없는 데도 어떤 싹이 발생한다면, 그 싹과 관계가 없는 다른 모든 곳에서도 그 싹이 나올 수 있어야 할 것이다. 예를 들어 감자 싹이 그와 무관한 사과 씨에서 나올 수 있어야 하고 조약돌을 심어도 사과 싹이 나올 수 있어야 하리라. 그러나 이 세상에서 그런 일은 일어나지 않는다. 씨앗에서 싹이 발생하는 과정에 대한 제2구적 이해 역시 이렇게 오류에 빠진다[제2구 비판].

씨앗과 싹의 관계에 대한 흑백논리적인 생각, 즉 '씨앗 속에 존재하던 싹이 발생한다'거나 '씨앗 속에 존재하지 않았던 싹이 발생한다'는 상반된 두 가지 이론이 모두 논리의 오류를 범하기 때문에, 어떤 사람은 '싹 전체'가 아니라 '싹의 요소'가 씨앗 속에 있는 것이라는 제3의 이론을 제시할 수도 있을 것이다. 그런데 '싹의 요소가 씨앗 속에 있다'는 판단은 '싹의 일부는 씨앗 속에 있고, 다른 일부는 씨앗 속에 없다'는 판단으로 재해석되며, 중관논리로 풀면 이는 결국 '싹이 씨앗 속에 있으면서 없다'는 제3구의 판단이 될 뿐이다. 무언가가 있으면서 동시에 없다는 것은 모순된다. 마치 빛과 어둠이 공존할 수 없듯이 있음과 없음은 공존할 수 없기 때문이다[제3구 비판].

다른 사람은 그와 반대로 싹이 씨앗 속에 있는 것도 아니고, 없는 것도 아니라는 제4의 대안을 제시할지도 모른다. 중관논리에서 볼 때 이는 제4구 판단인데, 있음도 부정하고 없음도 부정하는 제4구 판단은 '흑백논리로 작동하는 우리의 사유'의 세계에 들어올 수 없는 무의미한 판단이기에 비판된다[제4구 비판].

위에 인용한 '부처님께 바치는 노래[歸敬偈]'에서 '연기'를 수식하는 여덟 가지 부정표현[八不] 가운데 첫 번째 것인 '불생'은 이상과 같이 논증되며, 나머지 일곱 가지 부정표현도 이와 유사한 방식으로 논증된다.

그런데 이들 여덟 가지 부정표현은 '불생불멸(不生不滅)·불상부단(不常不斷)·불일불이(不一不異)·불래불거(不來不去)'라는 네 쌍의 대구(對句)로 정리되며, 이 중 '생·상·일·거'와 '멸·단·이·래'가 각각 동일한 조망으로 함께 묶인다.

'무엇이 발생한다[生]'는 것은 '존재하던 것이 발생한다'는 조망으로 풀 수 있기에 '원래 존재하던 것'이 '나중에 발생할 것'에 그대로 이어진다[常]는 조망이며, 존재하던 것과 발생된 것이 동일하다[一]는 조망이고, 존재하던 것이 그대로 발생된 것으로 진행한다[去]는 조망이다. 이와 반대로 '무엇이 소멸한다[滅]'는 것은 처음에는 존재하던 것이 나중에는 존재하지 않는다는 의미이기에 처음과 나중은 단절되어 있다[斷]는 조망이고, 처음에 존재하던 것과 나중에 존재하는 것은 전혀 다르다[異]는 조망이며, 나중의 것은 처음의 것과는 무관한 다른 어떤 곳에서 온 것[來]이라는 조망이다. 다시 말해 네 쌍의 부정표현 각 쌍들이 서로 다른 의미를 갖는 것이 아니다.

흑백논리에 의해 작동하는 우리의 사고방식에서 '생·상·일·

거'라는 앞의 네 가지 조망이 백(白)의 측면에 해당한다면 '멸·단·이·래'라는 뒤의 네 가지 조망은 흑(黑)의 측면에 해당한다. 세상만사가 다종다양하기 때문에 그를 대하는 우리의 사고방식을 네 쌍으로 분류했을 뿐이다. 우리의 사고는 기본적으로 흑과 백, 즉 긍정과 부정이라는 두 극단을 오가며 작동한다. 《아함경》과 같은 초기불전(初期佛典)에서는 이런 사유의 양극을 이변(二邊)이라고 불렀다.[6]

우리의 사유는 흑백논리에 의해 작동하면서 인간과 세계, 영혼과 육체, 시간과 공간 등에 대해 갖가지 이론을 축조해 낸다. 죽으면 끝이라든지 그렇지 않다든지, 영혼과 육체가 같다든지 다르다든지, 우주에 끝이 있다든지 없다든지…….

석가모니 부처님 당시에도 이와 유사한 철학적·종교적 질문을 부처님께 제기한 사람들이 많이 있었다. 이런 질문들을 '어려운 질문'이라는 의미에서 난문(難問)이라고 부른다. 그때 부처님께서는 그런 상반된 이론들 중 어느 한 편도 인정하지 않고 묵묵부답이었다가 연기의 가르침[7]을 베푸셨다. 부처님의 이러한 대응은 '침묵의 답변'이라는 의미에서 무기답(無記答)이라고 부르기도 하고 '대답 없이 방치한다'는 의미에서 치답(置答)이라고 하기도 한다. 이러한 무기답의 근본 취지는 '의문 자체가 잘못 구성되었다'는 점을 가르치는 데 있다.

---

[6] 서양 철학자 칸트(Kant)가 《순수이성비판》에서 거론하는 이성(Reason)의 이율배반(antinomy) 역시 이와 같은 맥락을 갖는다.
[7] 삼법인·사성제·십이연기 등의 교설.

위에 예시한 철학적·종교적 의문과 이론들은 모두 흑백논리에 의해 축조된 것들이다. 아니 다른 모든 철학적·종교적 명제들뿐만 아니라 우리의 생각 모두가 흑백논리를 통해 구성된다.[8] 우리의 사유는 본질적으로 흑백논리에서 벗어날 수 없다. 모든 종교적·철학적 의문들은 지극히 궁금한 의문들이긴 하지만, 흑백논리에 의해 구성된 의문들이기에 모두 사상누각과 같다. 그런 의문들은 그에 대한 답을 냄으로써 '해결' 되는 것이 아니라, 그런 의문들을 만들어 낸 우리 사유의 허구성을 자각함으로써 '해소' 되어야 한다. 그리고 우리 사유의 허구성을 자각하게 해 주는 것이 바로 연기의 진리이다. 그래서 부처님은 종교적·철학적 질문에 대한 침묵 이후 연기의 진리를 가르치셨고, 용수는 이런 맥락 위에서 '불생불멸·불상부단·불일불이·불래불거' 인 연기는 온갖 망상을 잠재우며 상서로운 것이라고 칭송했던 것이다.

희론(戱論)으로 한역된 '온갖 망상' 이란 '생·멸, 상·단, 일·이, 거·래' 라는 흑백논리적 사고방식과 이런 사고방식이 초래한 갖가지 종교적·철학적 판단들을 의미한다. 인간과 세계, 시간과 공간 모두를 지배하는 유일무이의 법칙인 연기의 참된 의미를 알

---

[8] 중관논리, 중관학 역시 우리의 흑백논리적 사유를 벗어나지 못한다. 그러나 흑백논리를 통해 다른 흑백논리의 축조물을 해체시킨다는 점에 중관학의 진리성이 있다. 이를 중국의 길장(吉藏)은 '파사현정(破邪顯正)' 이라고 불렀다. 이것은 파사후(後) 현정이 아니라 파사즉(卽) 현정을 의미한다. 즉 잘못된 세계관을 비판한 후 올바른 세계관을 제시하는 것이 아니라 비판[파사] 그 자체가[즉] 궁극을 드러냄[현정]이라는 의미이다.

게 될 경우, 그 전까지 우리를 괴롭혔던 갖가지 희론들, 즉 종교적·철학적 의문들이 모두 우리의 분별의 가위로 오려 낸 개념들을 조합하여 만든 허구의 의문들이었음을 자각하게 된다. 그 결과 눈을 훤히 뜨고 살아 있는 지금 이 자리에서 갖가지 종교적·철학적 의문들이 해소된다. 참으로 신비하고 오묘하지 않을 수 없다. 용수가 '부처님께 바치는 노래[歸敬偈]'에서 표현하듯이 상서롭고 상서로운 것이 연기의 진리이다.

부처님께서 발견하고 가르치신 연기의 진리를 깨달음으로써 우리는 이렇게 모든 종교적·철학적 의문에서 벗어날 수 있다. 부처님의 은혜는 궁극의 진리, 이 세상을 지배하는 유일무이의 법칙인 이런 연기의 진리를 발견하고 가르치신 은혜다. 그래서 용수는 '부처님께 바치는 노래'의 마지막에서 "최고의 스승이신 그분께 머리 조아려 예배드립니다."라고 노래하며 부처님께 믿음과 존경을 나타낸다.

'귀경게(歸敬偈)'라고 불리는 '부처님께 바치는 노래'는 《중론》의 첫머리에도 실려 있지만, 마지막에도 실려 있다. 《중론》의 제일 마지막 장인 제27 〈관사견품(觀邪見品: 잘못된 견해에 대한 분석)〉에 실린 게송 역시 다음과 같이 '부처님께 바치는 노래'이다.

잘못된 세계관[견해]을
모두 제거해 주시기 위해
자비의 마음으로 오묘한 진리를 가르치신
가우따마[9] 부처님께 귀의합니다.

瞿曇大聖主 憐愍說是法 悉斷一切見 我今稽首禮.

— MK. 27-30

    지극히 논리적인 《중론》이지만, 처음과 마지막을 모두 이렇게 믿음의 노래로 장식하고 있다. 이 게송에서 말하는 '잘못된 세계관'은 앞의 귀경게에 등장하는 '망상[戱論]'에 해당하며, '오묘한 진리[妙法, saddharma]'란 '상서로운 연기의 진리'에 해당한다.

    부처님께서 깨닫고 가르치신 연기의 진리는 우리의 사유가 축조해 낸 갖가지 세계관·종교관·인생관들이 모두 허구임을 자각케 하며, 갖가지 철학적·종교적 의문들을 해소해 준다. 우리가 살아 숨쉬는 바로 이 자리에서 우리의 생각이 만들어 낸 종교적·철학적 분별의 고통에서 우리를 해방시켜 준다.

---

9) Gautama Siddhārtha로 부처님의 아명(兒名)이다.

2. 연기에 대한 분석

《중론》은 흑백논리의 양극단을 비판하기에 '중도론(中道論)'이기도 하지만, 그런 비판을 통해 그 전까지 우리가 갖고 있던 모든 생각들이 허구임을 자각하게 되기에 '공론(空論)'이라고 부를 수도 있다. 또한 그러한 논리적 비판이 부처님께서 가르치셨던 연기설에 토대를 두고 이루어지기에 '연기론(緣起論)'이라고 부를 수도 있다.

흔히 불교의 깨달음을 '달'에 비유하고, 부처님의 가르침을 '달을 가리키는 손가락'에 비유한다. 하늘에 달이 떠 있는 것을 모르는 사람은 달을 가리키는 손가락을 통해 달을 바라볼 수 있다. 연기설의 경우도 마찬가지다. 부처님께서 깨달은 연기의 진리가 '달'이라면, 그것을 말로 표현한 것은 '달을 가리키는 손가락'에 해당한다. 우리는 연기에 대한 부처님의 설명에 의지하여 연기의 진정한 의미를 추구한다.

앞 장에서 '연기'란 '얽혀서 발생함'을 의미한다고 설명한 바 있다. 이는 '조건에서 결과가 발생한다' 거나, '원인에서 결과가 발생한다'고 표현되기도 한다. 그러나 '우리의 사유에 의해 축조된 이론 모두가 논리의 오류를 범한다'고 할 때, 이러한 '연기의 이론'이라고 해서 예외가 될 수는 없다.

《중론》 제1 〈관인연품(觀因緣品: 연기에 대한 분석)〉에서는 연기에 대한 우리의 분별적 이해가 범하게 되는 논리적 오류를 지적한다. 흑백논리를 벗어난 것이 '연기하는 세계'의 참모습이다. 그러나 그런 연기의 의미를 남에게 전달하기 위해서는 흑백논리적으로 작동하는 언어를 사용해야 한다. 연기에 대한 가장 간단한 정의인 '조건[緣]에서 결과가 발생한다'는 판단은 다음과 같이 비판된다.

> 결과가 조건 속에 미리 존재했다거나,
> 존재하지 않았다고 하는 것은 모두 불가능하다.
> 미리 존재하지 않았다면 그런 조건은 무엇을 위해 있겠으며,
> 미리 존재했다면 그런 조건으로 무엇을 할 것인가?
> 果先於緣中 有無俱不可 先無爲誰緣 先有何用緣.
>
> — MK. 1-8

앞 장에서 씨앗과 싹의 예를 들며 설명했듯이, 결과인 싹이 원인인 씨앗 속에 미리 존재하지 않는 것이라면 그런 씨앗이 어떤 싹을 틔울 것인지 알 수가 없고, 미리 존재했다면 싹을 갖는 씨앗이기에 굳이 다시 싹을 틔울 필요가 없을 것이다. '조건에서 결과가 발생

한다'는 판단의 의미에 대해 이렇게 이론을 구성할 수도 없고, 저렇게 이론을 구성할 수도 없다. 이럴 수도 없고 저럴 수도 없다. 이것도 틀리고 저것도 틀리다. 이 게송에서 가르치는 것은 조건적 발생에 대한 '극단의 이론 양측[二邊]'을 모두 비판하는 중도의 조망이다.

또 '조건에서 결과가 발생한다'는 것이 연기의 의미라고 간주할 경우, 조건의 존재가 확고해야 할 것이다. 예를 들어 항아리 공장에 진흙이 쌓여 있을 경우, 항아리는 결과에 해당하고, 진흙은 항아리의 조건에 해당할 것이다. 그 진흙은 '항아리의 재료'로서의 조건이란 말이다. 그러나 항아리가 만들어지고 난 다음에 소급하여 그 진흙이 항아리의 조건이었다고 말할 수는 있어도 항아리가 아직 만들어지기 전에는 진흙에 대해서 항아리의 조건이라고 규정할 수 없다.

항아리 공장에 쌓여 있는 진흙이라고 하더라도 그것으로 벽돌을 만들 수도 있고, 기와를 만들 수도 있다. 만일 벽돌이 만들어졌다면, 그 진흙은 벽돌의 조건이었으며, 만일 기와가 만들어졌다면 진흙은 기와의 조건이었지 항아리의 조건은 결코 아니었다. 조건은 결과와 무관하게 그 실체가 있는 것이 아니다. 이를 용수는 다음과 같이 노래한다.

　　이것으로 인하여 결과가 발생할 때,
　　이것을 연(緣)이라고 부른다.
　　만일 그 결과가 아직 발생하지 않았다면,

어떻게 비연(非緣)이라고 하지 않겠느냐?

因是法生果 是法名爲緣 若是果未生 何不名非緣.

― MK. 1-7

여기서 말하는 연(緣)은 조건을 의미한다. 결과가 발생하기 전까지는 그 어떤 것에 대해서도 연이라고 할 수 없다(非緣). 앞에서 비유했듯이 항아리 공장에 쌓여 있는 진흙이라고 하더라도, 항아리가 만들어지기 전까지 그것에 대해 '항아리의 재료'라는 낙인을 찍지 못하듯이, 방직 공장에 있는 실이라고 하더라도 옷감이 만들어지기 전까지는 그것에 대해 '옷감의 재료'라고 규정을 하지 못한다. 인쇄소에 쌓여 있는 종이라고 하더라도 책이 만들어지기 전까지는 '책의 재료'라고 규정하지 못한다. 항아리 공장의 진흙이 '벽돌의 재료'가 될 수도 있고 '기와의 재료'가 될 수도 있었듯이, 방직 공장의 실은 '밧줄의 재료'가 될 수도 있고, 인쇄소의 종이는 '종이컵의 재료'가 될 수도 있다.

조건에 의지해서 결과가 발생한다고 하지만, 조건 역시 결과가 발생해야 그 정체가 규정되는 것이다. 조건이 없으면 결과가 있을 수 없고, 결과가 없으면 조건 역시 있을 수 없다. 초기불전에서 연기를 설명할 때, "이것이 있으면 저것이 있고 이것이 없으면 저것이 없다."[10]는 공식으로 간략하게 표현하기도 하는데, 용수는 이

---

10) 《잡아함경(雜阿含經)》, 대정장 2, p. 67a: 此有故彼有 此生故彼生 謂 緣無明有行 乃至生・老・病・死・憂・悲・惱苦集 所謂 此無故彼無 此滅故彼滅 謂 無明滅 則行滅 乃至生・老・病・死・憂・悲・惱苦滅.

런 연기공식에 '조건'과 '결과'라는 개념을 대입하여 위와 같은 게송을 만들어 내었던 것이다. 'a. 연이 있으면 결과가 있고,…… b. 연이 없으면 결과가 없다'와 'c. 결과가 있으면 연이 있고,…… d. 결과가 없으면 연이 없다'라는 연기공식에서 a와 d만을 추출한 후, 이를 시적인 문장으로 표현한 것이 위의 게송인 것이다.

《중론》은 약 450여 수의 게송으로 이루어져 있는데, 각 게송들은 그 성격상 '선언적 게송'과 '비유적 게송'과 '논리적 게송'의 세 종류로 분류된다. 이 중 '논리적 게송'들의 대부분은 논파의 대상으로 삼은 ① 한 쌍의 개념의 연기 관계를 표현하는 게송과, 그런 개념쌍으로 이루어진 판단에 대한, ② 제1구적인 이해를 비판하는 게송과, ③ 제2구적인 이해를 비판하는 게송으로 이루어져 있다. 간혹 그런 판단에 대한 ④ 제3구, ⑤ 제4구적인 이해를 비판하는 게송이 추가되기도 한다. 이를 정리하면 다음과 같다.

① 비판의 대상이 되는 한 쌍의 개념의 연기 관계에 대한 표현.
② 한 쌍의 개념으로 이루어진 판단에 대한 제1구적인 이해 비판.
③ 한 쌍의 개념으로 이루어진 판단에 대한 제2구적인 이해 비판.
④ 한 쌍의 개념으로 이루어진 판단에 대한 제3구적인 이해 비판.
⑤ 한 쌍의 개념으로 이루어진 판단에 대한 제4구적인 이해 비판.

위에 인용한 MK. 1-7 게송은 '조건'과 '결과'라는 개념쌍의 연기 관계를 표현하는 게송이며[①], MK. 1-8 게송은 '조건에서 결과가 발생한다'는 판단에 대한 제1구적인 이해[②]와 제2구적인 이해

[③]를 비판하는 게송이다.

불교 경전에 등장하는 갖가지 개념쌍들을 이러한 기본 틀 속에 대입하여 그 실체성을 비판하고, 그런 개념쌍들로 구성된 네 가지 판단 각각이 범하게 되는 논리적 오류를 지적하는 것이 《중론》의 저술 방식이다. 이런 식의 비판이 우리가 사용하는 모든 개념과 판단에 대해 적용될 수 있긴 하지만 《중론》에서는 아비달마 교학, 즉 소승불교의 교학체계에서 말하는 갖가지 이론들만을 비판의 대상으로 삼고 있다.

아비달마 교학에서는 '조건에서 결과가 발생한다'고 할 때 그 조건의 종류를 네 가지로 세분하여 설명하기도 한다. 이것이 사연(四緣) 이론이다. 싹을 틔우는 씨앗과 같이 직접적 조건인 인연(因緣: 직접적 조건), 눈에 형상이 보이고 귀에 소리가 들릴 때 형상과 소리와 같이 지각의 대상이 되는 조건인 연연(緣緣: 지각의 조건), 우리의 마음이 한 순간도 머무르지 않고 매 찰나 변해 간다고 할 때 다음 찰나의 마음이 발생하도록 앞 찰나의 마음이 조건의 역할을 한 후 소멸하게 되는데 그때 앞 찰나의 마음을 의미하는 차제연(次第緣: 시간적 조건), 어떤 결과가 발생할 때 그 결과 이외의 것 모든 것을 의미하는 증상연(增上緣: 강력한 조건)의 네 가지가 사연이다. 연기의 '연(緣: 조건)'을 세분하면 이렇게 네 종류가 있다는 것이다. 그런데 《중론》에서는 이런 사연설(四緣說) 모두가 논리적 오류를 범한다고 비판한다.

그러면 이 중 차제연만을 예로 들어 《중론》의 비판을 소개해 보자. 《중론》이 난해한 이유는 4구비판의 논리가 난해한 데 기인하기도 하지만, 비판의 대상으로 삼은 것이 난해한 아비달마 교학이기 때문이기도 하다. 따라서 차제연에 대한 《중론》의 비판을 이해하고자 하는 경우에도 그 비판의 논리를 이해하기에 앞서 아비달마 교학에서 말하는 차제연 이론의 정확한 의미를 파악하는 일이 우선해야 한다. 그러면 좀 장황하긴 하지만 먼저 차제연 이론의 성립과정에 대해 설명해 보기로 하겠다.

초기불전에는 다음과 같은 삼법인(三法印), 또는 사법인(四法印)이란 가르침이 등장한다. 원인과 조건들이 모여 만들어진 모든 존재는 무상하다[諸行無常]. 그런 존재는 아뜨만(Ātman)이 아니다[諸法無我].[11] 따라서 모든 것은 괴로움일 뿐이다[一切皆苦]. 이를 자각할 경우 마음에 평화가 온다[涅槃寂靜].[12] 부처님 당시 많은 종교인들이 '영원히 변치 않는 참된 자아'를 의미하는 '아뜨만'을 찾는 것을 최고의 목표로 삼아 수행생활을 하였다.

그러나 부처님은 그런 아뜨만의 존재를 부정하셨다. 영원한 아뜨만이라고 생각되는 것은 모두 부단히 흘러가는 우리 의식의 한 모습일 뿐이다. 지금 아무리 행복해 보여도 언젠가는 스러지고 만다. 변치 않는 것은 없다. 최고의 종교적 경지는 아뜨만을 추구함으로써 얻어지는 것이 아니다. 현상세계 그 어느 곳에도 안주할 곳이 없다는 사실, 즉 내가 추구할 만한 아뜨만이 존재하지 않는다는 사실, 다시 말해 일체가 궁극적으로는 괴로움일 뿐이라는 사실

---

11) '그 어디에도 아뜨만은 없다'고 해석해도 된다.
12) 이 중 '일체개고'를 제외할 경우 삼법인이 된다.

을 자각하여 모든 현상에 대한 집착을 끊을 때 얻어지는 것이다. 그때 우리는 오직 괴로움뿐인 이 윤회의 세계에 다시는 태어나지 않을 수 있다. 이렇게 모든 번뇌를 끊어서 다시는 태어나지 않는다고 확신하게 된 성자를 아라한(阿羅漢)이라고 부르는데 아라한이 될 경우 일률적으로 다음과 같은 노래를 부른다.

> 나의 삶은 이제 다 끝났다.
> 고결한 삶도 완성되었고,
> 할 일을 다 이루었으니,
> 앞으로 다시 태어나지 않을 것을 나 스스로 아노라.[13]
> 我生已盡 梵行已立 所作已作 自知不受後有.

 이 순간 수행자는 고요한 열반을 체득한다. 살아서 체득한 이러한 열반의 경지는, 아직 의지할 몸이 남아 있는 상태의 열반이기에 '유여의열반(有餘依涅槃)'이라고 부르고, 이것이 흔히 말하는 '깨달음'이다. 그 후 육신의 죽음과 함께 찾아오는 열반은 '완전한 열반[般涅槃, parinirvāṇa)]'이며, '의지할 몸도 남아 있지 않다'는 의미에서 '무여의열반(無餘依涅槃)'이라고 부른다.
 그런데 이렇게 열반을 가르치는 삼법인, 또는 사법인의 교법 중 첫 번째 것인 '제행무상의 진리'를 보다 구체적으로 설명하기 위해 아비달마 교학에서는 '찰나설(刹那說)'을 고안하게 된다. 찰나

---

13) 《잡아함경》, 대정장 2, p. 1a 등.

란 불교에서 말하는 시간의 최소 단위이다. '인연이 모여 만들어진 모든 존재는 무상하다'는 부정적 표현을 '모든 존재는 단 한 찰나만 존재할 뿐이다'라고 긍정적 표현으로 바꾸어 놓은 것이 찰나설이다. 모든 존재는 단 한 찰나만 존재하고 사라진다.

하루는 30모호율다(牟呼栗多, muhūrtta)로 이루어져 있고, 1모호율다는 30납박(臘縛, lava), 1납박은 60달찰나(怛刹那, tatkṣaṇa), 1달찰나는 120찰나(kṣaṇa)로 이루어져 있다[14]'는 《구사론(俱舍論)》[15]의 설명에 의거할 때 한 찰나는 1/75초로 환산된다. 물론 시간은 더 세분될 수 있다. 그러나 아비달마 교학에서 말하는 1/75초는 우리의 지각으로 느낄 수 있는 시간의 최소 단위이다. 그 이상 세분되면 인식의 한계를 벗어나기에 우리에게 무의미하다.

매 찰나의 사건은 반드시 앞 찰나의 사건에 의존하여 발생한다. 비약은 없다. 매 찰나 새로운 사물이 발생하기에, 엄밀히 말하면 과거의 존재는 현재로 흘러오지 못하고, 현재의 존재는 미래로 흘러가지 못한다. 10년 전의 나도 지금의 내가 아니지만, 한 찰나 전의 나도 지금 찰나의 내가 아니다. 현대의학에서는 손과 발, 심장과 뇌 등 나의 몸을 이루고 있는 물질들은 모두 지금부터 1년 이내에 섭취한 음식물이 변해서 된 것들이라고 한다. 그 이전에 있던 나의 몸은 지금은 모두 때가 되고 배설물이 되어 배출되어 버렸

---

14) 《구사론》, 대정장 29, p. 62b.
15) 《아비달마 구사론(Abhidharmakośa)》의 준말. '대법장(對法藏)'이라고 의역된다. 불전에 대한 해설서인 아비달마 논서의 가르침을 체계적으로 요약, 정리한 책으로 세친(世親, 400~480)의 저술이다.

다. 과거에 내가 갖고 있던 머리칼이나 손톱은 지금 모두 잘려지고 깎여져서 존재하지 않듯이……. 따라서 지금 이 순간에도 찰나찰나 나의 몸 전체는 새롭게 변하고 있다. 변하는 것은 몸뿐만이 아니다. 나의 마음의 경우도 어제의 마음, 작년의 마음은 지금 존재하지 않는다. 감정도 생각도 시시각각 달라진다.

우리가 작년의 나와 지금의 내가 같다고 생각하는 가장 큰 이유는 과거의 기억을 갖고 있기 때문이다. 그러나 불교에서는 기억도 무상하게 변한다고 가르친다. 변치 않는 자아[Ātman]에 기억이 새겨졌다가 시간이 흐른 후 나중에 기억을 되살릴 때 그것이 회상되는 것이 아니다. 어떤 일이 기억되는 것도 하나의 흐름이고, 그것을 회상하는 것 역시 하나의 흐름일 뿐이다. 사슬이 풀리듯이 회상이 일어난다. 회상이란 현재 나의 마음에서 일어나는 하나의 반응일 뿐 과거가 그대로 재현되는 것이 아니다. 그래서 망각이나 기억 착오가 있을 수 있는 것이다. 이렇게 몸이든, 마음이든 한 순간도 머물러 있지 않다. 매 찰나 변해 간다.

시위를 떠난 화살 역시 과녁을 맞히지 못한다. 모든 것이 단 한 찰나만 머물 뿐이기에 시위에 있던 화살은 그 시간대의 시위에만 존재할 뿐이고, 과녁을 맞힌 화살은 변화된 다른 화살이다. 애초의 화살과 만나려면 우리는 타임머신을 타고 그 시간으로 거슬러 가야 한다. 세상만사는 단 한 찰나만 존재할 뿐이다. 매 찰나 새로운 세상만사가 나타난다. 이것이 아비달마 교학의 찰나설이다.

그리고 이러한 찰나설에 토대를 두고 차제연의 이론이 구성되었던 것이다. 매 찰나 존재하던 것은 소멸하고 그에 의거하여 새로운 존재가 나타나야 한다. 앞 찰나의 마음이 조건의 역할을 한 후 소멸함으로써 뒤 찰나의 마음이 발생한다. 이것이 차제연 이론이다. 그러나 이러한 차제연 이론을 《중론》에서는 다음과 같이 비판한다.

> 존재가 아직 발생하지도 않았는데,
> 그것이 소멸한다는 것은 불합리하다.
> 소멸한 존재가 어떻게 조건의 역할을 하겠느냐?
> 그러므로 차제연이 있다는 것은 타당하지 않다.
> 果若未生時 則不應有滅 滅法何能緣 故無次第緣.
>
> — MK. 1-10

매 찰나마다 새로운 존재가 발생한다는 찰나설은 다음과 같은 두 가지 이론으로 구성될 수 있다. 첫째는 앞 찰나의 존재가 존재하면서 조건의 역할을 하여 다음 찰나의 존재가 발생한다는 이론이고, 둘째는 앞 찰나의 존재가 소멸한 후 그것이 조건이 되어 다음 찰나의 존재가 발생한다는 이론이다. 다음 찰나의 존재를 위한 조건이 되기 위해서는 첫째 이론에서 말하듯이 앞 찰나의 존재가 다음 찰나의 존재와 공존해야 한다. 그러나 앞 찰나와 다음 찰나가 공존한다고 할 경우, 결국 모든 앞뒤 찰나들이 공존하는 꼴이 되어 시간의 흐름이 정지해야 하는 오류에 빠지고 만다.

이런 오류에서 벗어나기 위해 구성된 것이 '앞 찰나의 존재가 사라진 후 그것을 조건으로 삼아 뒤 찰나의 존재가 발생한다'는 둘째 이론인데 아비달마 교학의 차제연 이론에서는 이 둘째 이론을 채택하였다. 그러나 위의 MK. 1-10에서 노래하듯이 이미 소멸해 버린 존재는 다음 찰나의 존재를 위해 조건의 역할을 할 수가 없다. 무엇이 존재해야 다른 무엇과 관계를 맺을 수 있는 법인데, 앞 찰나의 존재가 이미 소멸해 버렸다면 조건의 역할을 하기 위해 다음 찰나의 존재와 관계를 맺는 것이 불가능하기 때문이다.

앞에서 설명했듯이 《중론》은 '연기론'이다. 그런데 《중론》의 첫 장인 제1 〈관인연품〉에서는 '언어로 표현된 연기', 또는 '이론으로 구성된 연기'가 범하게 되는 논리적 오류를 지적하는 것이다. 연기에 대해 '조건에서 결과가 발생한다'고 전체적으로 규정하든, 아니면 그런 조건을 인연·연연·차제연·증상연의 네 가지로 분류한 후 연기에 대한 이론을 구성하든 모두 논리적 오류를 범하고 만다. 그래서 용수는 다음과 같이 노래하며 제1 〈관인연품〉을 마무리한다.

전체적으로 보든, 낱낱이 보든
조건 속에 결과는 없다.
조건 속에 없는 결과가
어떻게 조건이 아닌 것들로부터 발생하겠는가?
略廣因緣中 求果不可得 因緣中若無 云何從緣出.
― MK. 1-13

그러므로 결과는 조건이 만드는 것도 아니고

조건 아닌 것이 만드는 것도 아니다.
결과가 존재하지 않는데
조건이나 조건 아닌 것이 어떻게 존재하겠는가?
果不從緣生 不從非緣生 以果無有故 緣非緣亦無.

— MK. 1-16

여기서 '전체적으로 본다는 것'은 '조건에서 결과가 발생한다'는 연기에 대한 포괄적 정의를 고찰해 본다는 의미이고, '낱낱이 본다'는 것은 인연·연연·차제연·증상연의 사연(四緣) 하나하나의 정의에 대해 고찰해 본다는 것이다. 위에서는 차제연 이론에 대한 비판만 소개했지만, 나머지 세 가지 이론은 물론이고, 연기에 대한 포괄적 정의를 포함하여 연기에 대한 모든 이론들은 다 논리적 오류를 범하고 있다.

이렇게 언어화된 표현이 범하는 논리적 오류에 대해 깊이 자각할 때 우리는 연기의 진정한 의미를 체득하게 된다. '달을 가리키는 손가락'을 지나서 '달'을 직접 볼 수 있는 것이다.

3. 움직임에 대한 분석

《중론》은 불교 내의 수학이라고 말할 수 있다. 사회나 역사 과목을 제대로 공부하기 위해서는 먼저 그 내용 전체를 암기한 후 세부적인 사항들의 관계를 잘 파악해야 한다. 그러나 수학의 경우는 공부방식이 이와 다르다. 몇 가지 공식을 이해한 다음, 그 공식에 의거하여 수많은 문제를 풀어 봄으로써 공부가 깊어진다. 내용을 암기하는 것이 아니라, 푸는 방식을 익히는 것이 수학 공부의 특징이다. 《중론》을 공부하는 것 역시 수학 공부와 마찬가지다. 《중론》에서 가르치는 '우리의 생각이 작동되는 기본적인 틀'과 '그에 대한《중론》의 비판방식'을 익힌 다음에는, 그에 입각하여 많은 연습문제들을 풀어 보아야 한다.

《중론》이 총 27장으로 이루어져 있지만, 그 모두가 '공(空)의 논리'를 이용하여 갖가지 이론들의 허구성을 증명해 보인 연습문제들이다. 우리가 《중론》을 정독하면서 그 논리를 깊이 이해하려고 노력할 때, 우리는 《중론》에서 다루지 않았던 갖가지 종교·철학

이론들에 대해서도 그 논리적 오류를 지적할 수 있는 힘을 갖게 된다.

앞 절에서 소개한 《중론》 제1장 〈관인연품〉에서는 사물의 '불생(不生)'을 증명하고, 여기서 소개할 제2장 〈관거래품(觀去來品)〉에서는 '불거(不去)'를 증명한다. '부처님께 바치는 노래'에 나열된 여덟 가지 부정표현[八不] 가운데 처음인 불생은 제1장에서 증명되고, 마지막의 불거[또는 不出]는 제2장에서 증명되는 것이다. 팔불의 처음과 마지막을 증명하는 《중론》 제1장과 제2장만을 읽고도 공의 논리를 제대로 익힐 수 있는 사람은 나머지 25장에 씌어진 갖가지 연습문제들을 굳이 다 풀어 볼 필요가 없을 것이다. 여타의 불교 이론서의 경우는 전체를 모두 읽어야 그 취지가 파악된다. 그러나 《중론》의 경우는 갖가지 개념에 대한 고착을 '풀어 버리는 방법'을 가르치는 책이기에 그런 방법을 완전히 익힌 후 그를 이용하여 다른 갖가지 철학·종교 이론들이 필연적으로 범하게 되는 논리적 모순을 지적할 능력만 생긴다면 남은 부분을 더 이상 읽을 필요가 없다.

그러면 앞 장에서 '조건에서 결과가 발생한다'는 판단을 비판했던 방식을 염두에 두면서 제2장 〈관거래품〉에 등장하는 몇 수의 게송을 분석해 보자.

거래란 '감[去]'과 '옴[來]'을 의미한다. 즉 '사물의 이동'을 의미한다. '자동차가 지나간다. 철수가 뛰어간다. 우리는 어디서 와서 어디로 가는가? 여름이 가고 가을이 온다'는 등등의 표현에서 우리는 '온다[來]'거나 '간다[去]'는 개념을 사용한다. 거래는 '주체의 이동', 또는 '사물의 움직임'을 의미한다. 그러나 그런 움직임은 실재하지 않는다.

용수는 다음과 같이 노래한다.

> 이미 가버린 것은 가고 있지 않다.
> 아직 가지 않은 것도 가고 있지 않다.
> 이미 가버린 것과 아직 가지 않은 것을 떠난
> 지금 가는 중인 것 역시 가고 있지 않다.
> 已去無有去 未去亦無去 離已去未去 去時亦無去.
>
> — MK. 2-1

《중론》의 가르침은 매우 단순하다. '모든 것을 있는 그대로 보라!'는 것이다. '감'에 대해서도 있는 그대로 볼 경우 우리는 '감'이 실재하지 않음을 깨닫게 된다. 우리는 감을 '이미 가버린 것', '아직 가지 않은 것' 그리고 '지금 가는 중인 것'의 세 가지로 분류할 수 있다. 그러나 '있는 그대로' 보니 이 세 가지 모두 존재할 수가 없다.

먼저 이미 가버린 것은 지금 존재하지 않는다. 이미 가버린 것은 '지나가 버린 감', 즉 '과거의 움직임'을 의미한다. 과거의 움직임은 지금 존재하지 않는다. 비단 움직임만이 아니라, 우리는 결코 과거를 만날 수가 없다. 우리는 과거와 직접 대면할 수 없다는 말이다. 우리는 오직 현재 속에서 살아갈 뿐이다. 내가 과거의 그 어떤 일들을 떠올려도 모두 지금 이 순간 떠오른 현재의 상념들일 뿐이다. '과거라는 이름만 달고 있는 현재의 상념들'일 뿐이다. 과거 그 자체는 결코 만날 수가 없다. 위 게송에서 노래하듯이, '이미 가버린 것은 가고 있지 않다.'

그리고 이와 마찬가지로 아직 가지 않은 것, 즉 미래의 움직임 역시 지금 존재할 수가 없다. 아직 발생하지 않았기 때문이다. 미래의 그 어떤 사건도 지금 만날 수가 없다. 마치 내일 그 자체를 결코 직접 만날 수 없듯이……. 우리가 만나야 할 내일을 막상 만나 보니, 그 내일은 내일이라는 이름을 잃고 오늘이라는 이름을 달고 있다. 우리가 내일을 만날 수 없고, 미래와 마주칠 수 없듯이, '아직 가지 않은 것'은 결코 만날 수가 없다. 아직 가지 않은 것이 지금 가고 있을 수 없기 때문이다.

이렇게 이미 가버린 과거도 만난 적이 없고, 아직 가지 않는 미래도 만날 수 없기에, 우리가 만나는 것은 오직 현재일 뿐이라고 생각할지도 모른다. 위에서도 '과거와 미래가 실제로 있다'는 생각을 비판할 때 설명의 편의를 위해 '우리는 오직 현재 속에서 살아간다'고 설명한 바 있다. 그러나 보다 엄밀히 분석해 보면, 현재 역시 존재하지 않는다. 왜냐하면 현재는 과거와 미래의 틈에 끼어, 있을 곳이 없기 때문이다. 이미 가버린 과거와, 아직 가지 않은 미래를 제거하면 시간 전체가 소멸해 버린다. 이미 가버린 것도 아니고 아직 가지 않은 것도 아닌 제3의 시간대는 존재하지 않는다. 위의 게송에서 '이미 가버린 것과 아직 가지 않은 것을 떠난 지금 가는 중인 것 역시 가고 있지 않다'는 말은 이를 의미한다.[16]

과거의 움직임은 지나가서 없고, 미래의 움직임은 오지 않아서 없으며, 현재의 움직임은 있을 곳이 없어서 없다. 그렇긴 하지만 우리 눈에는 손발을 흔들며 걸어가는 사람, 도로를 달리는 자동차, 하늘을 나는 새 등의 움직임이 훤히 보인다. 위에서 논리적으로 분석해 보니, 움직임이 있을 곳이 없었는데, 이렇게 확연히 보이는 움직임은 도대체 무엇일까?

《중론》에서는 그 모두가 실재하지는 않지만 우리에게 체험되는 꿈이나 신기루와 같은 것이라고 설명한다.

> 마치 환상과 같고, 꿈과 같고
> 신기루와 같다.
> 생함과 머무름과 멸함이
> 각각 그와 같이 설명되었다.
> 如幻亦如夢 如乾闥婆城 所說生住滅 其相亦如是.
>
> — MK. 7-35

《중론》의 사상적 배경이 된 경전인 《반야경》에서는 이 세 가지 비유 이외에도 아지랑이, 물에 비친 달, 허공, 메아리, 그림자, 거울에 비친 모습, 허깨비 등의 일곱 가지 비유를 더 든다. 이런 것들은 분명 우리에게 보이거나 들리는 것들이지만 실재하는 것은 아니다. 그렇듯이 세상만사는 우리에게 체험되지만 실재하는 것이

---

16) 《금강경》의 "과거의 마음도 얻을 수 없고 현재의 마음도 얻을 수 없으며 미래의 마음도 얻을 수 없다(過去心不可得 現在心不可得 未來心不可得)."라는 선언의 논리적 근거를 여기서 찾을 수 있다.

아니라, 우리의 의식이 구성해 낸 것들이다. 마치 실재가 아닌 악몽이 나에게 식은땀을 흘리게 만들듯이, 세상만사는 실재하는 것이 아니지만 나에게 갖가지 감정을 불러일으키고 나로 하여금 그에 대해 반응하게 만든다.

움직임은 과거와 미래와 현재의 시간대 그 어디에도 존재할 수가 없다. 그러나 이렇게 과거·미래·현재의 그 어느 시간대에도 실재할 수 없는 것은 비단 움직임뿐만이 아니다. 세상만사가 과거·미래·현재 그 어느 시간대에도 실재할 수 없다. 이미 들린 소리는 지금 들리지 않고, 아직 들리지 않은 소리도 지금 들리지 않으며, 이미 들린 소리와 아직 들리지 않은 소리를 떠나면 지금 들리는 중인 소리는 있을 곳이 없다. 이미 보았던 것은 지금 보고 있지 않고, 아직 보지 않은 것 역시 지금 보고 있지 않으며, 이미 보았던 것과 아직 보지 않은 것을 떠나면 지금 보는 중인 사물이 있을 곳이 없기에 이 역시 지금 보고 있지 않다. 이미 불타 버린 것은 지금 타고 있지 않고, 아직 불타지 않은 것 역시 지금 타고 있지 않고, 이미 불타 버린 것과 아직 불타지 않은 것을 떠난 지금 불타고 있는 중인 것은 있을 곳이 없다. 〈관거래품〉의 첫 게송에서 구사되는 중관논리는 이렇게 우리가 체험하는 세상만사 모두에 적용 가능한 게송이다.

무엇이 움직이기 위해서는 그 움직임의 주체가 있어야 한다. '내가 걸어간다'는 움직임의 경우 '나'는 주체가 되고 '걸어감'이라는 움직임은 그 작용이 된다. '새가 날아간다'고 할 때 '새'가 주체가 되고 '날아감'은 그 작용이 된다. 그래서 우리는 이 세상에

'나'가 있고, '걸어감'이 있고, '새'가 있고 '날아감'이 있다고 생각한다. 그러나 엄밀히 보면 내가 걸어갈 때 '나'와 '걸어감'이 분리되어 있지 않으며, 새가 날아갈 때 '새'와 '날아감'이 분리되어 있지 않다. 각각 하나의 현상, 한 덩어리의 현상이 보일 뿐인데, 우리는 이를 주체와 작용, 즉 주어와 술어로 분할한 후 말로 나타낸다. 이런 우리 사유의 분할을 불교 용어로 '분별(分別)'이라고 부른다. '한 덩어리의 사건'을 생각의 가위로 잘라 내었다는 의미이다. 이런 분별을 통해 우리는 '나'와 '걸어감'이 별개의 존재라고 간주한다.

이런 분별을 〈관거래품〉 제7 게송에서는 다음과 같이 비판한다.

> 가는 자가 없다면
> 가는 작용은 성립하지 않는다.
> 가는 작용이 없는데,
> 도대체 어떻게 가는 자가 존재하겠는가?
> 若離於去者 去法不可得 以無去法故 何得有去者.
> — MK. 2-7

'가는 자'와 '가는 작용'은 연기 관계에 있는 개념쌍이다. 누군가가 걸어간다고 할 때, 걸어가는 주체인 그는 '가는 자'이고, 걸어간다는 행위는 '가는 작용'이다.

길이가 다른 두 개의 막대가 있다고 할 때, 하나는 '짧은 막대'가 되고 다른 하나는 '긴 막대'가 된다. 그런데 여기서 '짧은 막대'라는 생각은 옆에 있는 '긴 막대'와의 비교를 통해 발생한 것이다. '긴 막대'가 옆에 없다면 '짧은 막대'라는 생각은 일어나지 않는다. 막대에 고유한 길이는 없기 때문이다. 동일한 막대라고 하더라도 긴 막대를 옆에 두면 짧다고 판단하게 되고, 짧은 막대를 옆에 두면 길다고 판단하게 된다. 긴 막대와 짧은 막대는 서로 연기 관계에 있다. 그 어떤 막대든 그 막대가 긴 것인지, 짧은 것인지는 원래 정해져 있지 않다. 불교적으로는 '막대의 길이는 자성[실체]이 없다'거나 '막대의 길이는 공(空)하다'고 표현한다.

이와 마찬가지로 '가는 자'라는 생각은 '가는 작용'이 없으면 일어나지 않고, '가는 작용'이라는 생각도 '가는 자'가 없으면 일어나지 않는다. '가는 자'와 '가는 작용'은 연기 관계에 있다. 누군가가 걸어갈 때 다만 한 덩어리의 사건이 있을 뿐이다. 그러나 생각의 가위에 의해 그 한 덩어리의 사건이 주체와 작용으로 잘려져서, '가는 자'와 '가는 작용'이라는 한 쌍의 개념을 탄생시키는 것이다.

비단 '가는 자'와 '가는 작용'뿐만 아니라 세상만사는 함께 발생한 한 쌍 이상의 개념들로 이루어져 있다. 홀로 발생[孤起]하는 세상만사는 없다. 홀로 만들어진 개념은 존재하지 않는다. 어떤 막대를 보고 '긴 막대'라는 판단이 들 경우 반드시 '짧은 막대'를 염두에 두어야 한다. 이때 눈에 보인 '긴 막대'라는 판단과 염두에 둔 '짧은 막대'라는 생각은 존재의 세계에 동시에 들어온다. 연기하는 것이다. 양자는 서로 얽혀서 발생한 것이다.

이렇게 '가는 자'와 '가는 작용'이 서로 연기 관계에 있다는 조망 아래서 용수는 다시 다음과 같이 노래한다.

> 만일 '가는 자가 간다' 면,
> 두 가지의 감이 있는 꼴이 된다.
> 첫째는 가는 자의 감이고,
> 둘째는 가는 작용의 감이다.
> 若去者有去 則有二種去 一謂去者去 二謂去法去.
>
> — MK. 2-10

'가는 자가 간다'는 문장에서 '가는 자'는 주어이고, '간다'는 술어이다. '가는 자'는 주체이고 '간다'는 그 주체의 작용이다. 그런데 '가는 자'라는 주어의 의미 속에는 '가는 작용'이라는 술어의 의미가 내포되어 있다. 앞의 MK. 2-7에서 말하듯이 '가는 작용'을 갖지 않는 '가는 자'는 있을 수 없기 때문이다. 그런데 '가는 자가 간다'고 말할 경우, 그렇게 '가는 작용을 가진 주체'가 다시 '간다는 작용을 한다'는 의미가 되고 만다. 결국 '가는 작용'이 두 개인 중복 표현이 되고 만다.

'역전 앞'이라는 표현이 잘못인 이유는 '앞[前]'이라는 의미가 중복되어 있기 때문이다. '역전(驛前)'이라고 하면 문자 그대로 벌써 '역의 앞'을 의미하는데, 그 단어 뒤에 다시 '앞'이라는 단어를 붙일 경우 '앞'의 의미가 중복되고 만다. '처가 집'이라는 말도 마찬가지다. 처가(妻家)라는 말에 이미 '집[家]'이라는 의미가 들어 있는데, 그 뒤에 다시 집이라는 말을 붙여 의미가 중복되고 만다.

'가는 자가 간다'는 문장도 이와 마찬가지 오류를 범한다. '가는 자'라고 말할 때, 이미 감이라는 뜻이 들어 있는데, 그런 자가 다시 간다고 하니 두 번 가는 꼴이 되고 만다. 이런 오류는 '술어의 의미가 주어 속에 내포되어 있기에 범하게 되는 의미 중복의 오류'이다.

'가는 자가 간다'는 문장의 경우 '가는 자'라는 주어나 '간다'는 술어 모두 '가다'라는 동사에서 파생된 단어로 이루어져 있기 때문에, '감'이라는 의미가 중복되어 있다는 사실이 금방 눈에 띈다. 또 우리말의 경우 '가는 자가 간다'는 표현은 잘 쓰이지 않는 어색한 문장이다. 누군가가 걸어갈 때, 우리는 그 사람의 이름을 붙여 그것을 묘사한다. 예를 들어 '철수가 간다'고 표현한다. 그리고 혹자는 이렇게 표현할 경우 같은 의미가 중복되는 오류에서 벗어날 수 있다고 생각할지도 모른다. '가는 자가 간다'는 말은 '역전 앞'이나 '처가 집'과 같이 같은 의미를 갖는 단어가 중복되어 있는 표현이지만, '철수가 간다'는 표현에는 겉보기에 단어나 의미의 중복이 없는 듯하다. 그러나 이런 표현 역시 '가는 자가 간다'는 표현과 동일한 논리적 오류를 범한다.

'철수가 간다'고 할 때의 '철수'의 정체에 대해 면밀히 추구해 들어갈 때 우리는 이 문장에도 역시 의미의 중복이 있음을 알게 된다. 여기서 말하는 철수는 '앉아 있는 철수'도 아니고, '서 있는 철수'도 아니며, 바로 '가는 철수'이기 때문이다. 그렇다면 '철수가 간다'는 말은 '가는 철수가 간다'는 말과 같은 의미를 갖고 있고, 결국 '가는 철수가 다시 간다'는 의미가 되어 중복의 오류에 빠지고 만다.[17] '가는 자가 간다'의 주어를 그 어떤 단어로 바꾸어도 '의미 중복의 오류'에서 벗어날 수 없다.

이렇게 의미의 중복에서 벗어나기 위해 '가는 자가 간다'는 판단 중의 주어인 '가는 자'를 '가는 작용을 갖지 않는 가는 자'로 이해해야 한다는 대안을 제시하는 사람이 있을지도 모른다. 《중론》에서는 이런 주장에 대해 다음과 같이 비판한다.

> 만일 가는 자가 간다고 주장한다면
> 오류에 빠진다.
> 가는 작용 없는 가는 자가 있으며,
> 그런 가는 자가 간다는 주장이기 때문이다.
> 若謂去者去 是人則有咎 離去有去者 說去者有去.
>
> — MK. 2-11

'가는 작용을 갖지 않는' 가는 자는 존재할 수가 없다. 이 세상 어디를 찾아봐도 '가지 않는' 가는 자는 존재하지 않는다. 그런데도 '가는 작용' 없는 가는 자가 있다고 간주한 후 '가는 자가 간다'고 주장한다면, 그런 주장은 '사실에 위배되는 오류'에 빠지고 만다.

우리는 '가는 자가 간다'는 한 가지 판단을 두 가지 방식으로 이해할 수 있다. 첫째는 앞에서와 같이 '가는 작용을 갖는 가는 자가

---

17) Candrakīrti, *Prasannapadā*.

간다'고 이해하는 것이고, 둘째는 뒤에서와 같이 '가는 작용을 갖지 않는 가는 자가 간다'고 이해하는 것이다. 전자는 술어의 의미가 주어에 '내포'되어 있기에 발생하는 논리적 오류이고, 후자는 술어의 의미를 주어에서 '배제'시킬 때 발생하는 논리적 오류이다. 전자는 술어의 의미가 주어 속에 '있다(有)'고 보기에 발생하는 논리적 오류이고, 후자는 술어의 의미가 주어 속에 '없다(無)'고 보기에 발생하는 논리적 오류이다. 전자의 경우는 '의미 중복의 오류'를 범하게 되고, 후자의 경우는 '사실에 위배되는 오류'를 범하게 된다.

앞 절에서 소개했던 4구(四句) 판단 중 긍정적 판단인 제1구는 전자에 해당하고, 부정적 판단인 제2구는 후자에 해당한다. 흑백논리 중 '백'의 사고방식이 전자라면 '흑'의 사고방식은 후자이다. 그런데 위에서 보았듯이 '가는 자가 간다'는 명제에 대한 이런 양극단의 이해 모두 논리적 오류를 범한다.

주어와 술어로 이루어진 단순한 판단을 이해하려고 할 때 논리적 오류가 발생하는 것은 비단 '가는 자가 간다'거나 '철수가 간다'는 판단에 국한한 것이 아니다. '바람이 분다'거나 '비가 내린다' '꽃이 핀다'는 등 모든 판단에서 동일한 형태의 논리적 오류가 발생한다. '바람이 분다'고 할 경우 '바람'이라는 주어 속에는 '붊'이라는 술어의 의미가 내포되어 있다. 그런데도 '바람이 분다'고 말을 한다면, '붊을 가진 바람[제1구]이 다시 분다'는 꼴이 되어 '의미 중복의 오류'를 범하게 되고, 이와 반대로 '붊을 갖지 않은 바람[제2구]이 어딘가에 있어서 그런 바람이 분다'고 표현할 경우 사실에 위배되는 오류에 빠지고 만다. '붉을 갖지 않은 바람'은 그 어디에도 없기 때문이다.

'비가 내린다'고 할 경우에도 이는 마찬가지다. '비'라는 주어 속에는 '내림'이라는 술어의 의미가 내포되어 있다. 내림이 없는 비는 이 세상 어디에도 없기 때문이다. 그런데 그렇게 내림을 갖는 비가 다시 내린다고 하게 되면 두 번의 내림이 있는 꼴이 된다. 하나는 주어인 '비'가 갖고 있는 내림이고 다른 하나는 술어인 '내린다'가 의미하는 내림이다[제1구 비판]. 그와 반대로 '내림'을 갖지 않은 '비'가 어딘가에 있어서 그런 비가 내린다고 주장한다면, 사실에 위배되는 오류에 빠진다. '내림'을 갖지 않은 '비'는 그 어디에도 없기 때문이다[제2구 비판].

'꽃이 핀다'고 할 경우, '꽃'은 이미 피어 있어야 꽃일 수가 있다. 그런데 그것이 다시 '핀다'고 하니 두 번 피게 되는 의미 중복의 오류가 발생한다[제1구 비판]. 피지 않은 꽃이 어딘가에 있어서 핀다고 하면, 사실에 위배되는 오류에 빠진다[제2구 비판]. 그렇다고 해서 봉오리가 피는 것도 아니다. '비가 내린다'고 할 때 비 이전의 '구름이 내린다'고 말할 수 없듯이, '꽃이 핀다'고 할 때 꽃 이전의 것인 봉오리가 필 수는 없다. 꽃은 피어 있기에 필 수가 없고, 봉오리는 피지 않은 것이기에 필 수가 없는 것이다.

지금까지 예로 든 2-7, 2-10, 2-11의 세 게송에서 구사되는 논파방식은 《중론》 전편에 걸쳐 계속 되풀이되는데, '비가 내린다'는 판단을 예로 들어 이 세 게송의 논파방식을 요약 정리하면 다음과 같다.

* 연기공식: 비가 없으면 내림이 없고, 내림이 없으면 비가 없다.
* 제1구 비판: '비가 내린다'고 할 때, 내림을 갖는 비가 내리기에 내림이 두 번 있는 꼴이 된다.
* 제2구 비판: '비가 내린다'고 할 때, 내림을 갖지 않은 비가 내린다고 볼 경우 사실에 위배된다.

《중론》에서는 이런 기본 틀 속에 갖가지 개념들을 대입하여 그 실재성을 논파한다. 이는 이 책 2부의 '2. 연기에 대한 분석'에서 소개했던 '연기공식, 제1구 비판, 제2구 비판, 제3구 비판, 제4구 비판'이라는 다섯 가지 비판방식 중 앞의 세 가지 비판방식의 구체적 실례이다.

4. 눈에 대한 분석

불교에서는 이 세상 전체를 여러 가지 방식으로 분류하는데, 그 중 한 가지 방식이 십이처(十二處) 이론이다. 처(處)란 '영역'을 의미한다. 십이처 이론에서는 인간을 포함한 대부분의 생명체가 갖춘 여섯 가지 지각기관[根][18]과 그 각각의 지각기관에 의해 파악된 여섯 가지 지각대상[境]의 총 열두 가지 영역(處)으로 이 세상을 분류한다. '눈·귀·코·혀·몸·생각하는 작용[眼耳鼻舌身意]'의 여섯 가지 지각기관과, '형상·소리·냄새·맛·촉감·생각된 내용[色聲香味觸法]'의 여섯 가지 지각대상이 어우러져 세상 만사가

---

18) 여섯 가지 지각기관을 '뿌리[根]'라고 번역한다. 안근(眼根)은 '눈'을 의미하는데, 눈에 보이는 것들을 아무리 훼손해도 시각의 세계는 사라지지 않지만, 눈알을 뽑아낼 경우 시각의 세계 전체가 무너지고 만다. 마치 나뭇가지를 잘라도 나무 전체는 그대로 살아 있지만, 나무의 뿌리를 해치면 나무 전체가 죽는 것과 같이……. 우리가 체험하는 세계의 '뿌리'는 바깥 세계 어디에 있는 것이 아니라 우리의 몸에 붙어 있다. 우리의 지각기관이 바로 '세계라는 나무'의 밑바탕이 되는 '뿌리'다.

구성된다. 눈은 형상을 대상으로 삼고, 귀는 소리를, 코는 냄새를, 혀는 맛을, 몸은 촉감을, 생각하는 작용은 생각된 내용을 대상으로 삼는다. 이 세상에는 지각하는 측[지각기관] 여섯 가지와 지각된 측[지각대상] 여섯 가지만 있을 뿐 그 이외의 것은 없다.

그런데 이런 십이처 이론은 무아(無我: '나'란 존재가 없음, 또는 아뜨만이 없음)를 가르치는 데 그 목적이 있었다. 이 세상 그 어디에도 영원한 '아뜨만'이 없음을 확인시키기 위해 부처님은 이 세상을 갖가지 방식으로 분류한 후 제자들로 하여금 그 하나 하나의 정체를 관찰하게 하셨다. 눈[眼]은 영원하지 않다. 귀[耳]도 영원하지 않다. …… 생각하는 작용[意]도 영원하지 않다. 따라서 여섯 가지 지각기관 가운데 그 어디에도 영원한 아뜨만은 없다. 형상[色]의 세계에 영원한 것은 없다. 소리[聲]의 세계에 영원한 것은 없다. …… 생각의 내용[法] 가운데 영원한 것은 없다. 따라서 여섯 가지 지각대상 가운데 그 어디에도 영원한 아뜨만은 없다.

이렇게 여섯 가지 지각기관과 여섯 가지 지각대상이 우리가 체험하는 세계 전체를 구성하는데, 그 모두가 콸콸 흘러가는 강물과 같이 변하는 것들일 뿐 그 가운데 어디에도 영원한 아뜨만은 없다. 다시 말해 열두 가지 영역으로 이루어진 이 세계 그 어디에도 내가 안주할 곳은 없다. 마치 홍수의 세찬 물결에 휩쓸려 떠내려가며 괴로워하는 사람이 자신을 그 괴로움에서 벗어나게 해 줄 안락한 섬, 요지부동의 섬이 그 어디에도 없음을 알았을 때, 다시는 그 물살 속에 들어가지 않기를 간곡히 희구하게 되듯이, 열두 가지 영역[十二處]으로 분류된 세상만사 그 어디에도 물살 속의 섬과 같은 요지부동의 아뜨만이 없음을 자각한 수행자는 이 세상에 다시는 태어나지 않는 열반(涅槃)[19]을 희구하게 된다. 십이처 이론의 목적은 이렇게 '모든 것의 무상함'과 '그 어디에도 아뜨만이 없음'을 가르치는 데 있었다.

그런데 부처님께서 돌아가시고 난 후 수백 년의 세월이 흐르자, 애초에 부처님께서 십이처 이론을 가르치셨던 근본 취지는 망각되고 만다. 소승불교도들, 즉 교조적 아비달마 불교도들은 십이처 그 어디에도 아뜨만[我]은 없지만, 십이처 낱낱의 실체[自性]는 존재한다고 가르쳤던 것이다. 십이처 각각은 '법(法)'이라고 불리는데, 이들의 아비달마 교학에서는 아뜨만은 없지만[無我, 我空], 법은 그 실체를 갖는다[法有]고 주장했던 것이다. 이를 불교 전문용어로 아공법유(我空法有) 이론이라고 부른다.

불교 수행을 통해 깨달음을 얻기 위해서는 우리 마음에서 두 가지 장애가 사라져야 한다. 하나는 감정의 장애이고, 다른 하나는 인식의 장애이다. 모든 것을 마음에 의해 해석하는 불교 유식학(唯識學)의 가르침에서는 감정의 장애를 번뇌장(煩惱障)이라고 부르고, 인식의 장애를 소지장(所知障)이라고 부른다. 감정의 장애인 번뇌장은 '아뜨만' 또는 '자아'가 존재한다는 착각에서 비롯된 것이며, 인식의 장애인 소지장은 '법'이 존재한다는 착각에서 비롯된 것이다. '법'이란 산스끄리뜨 어 다르마(dharma)의 번역어로

---

19) 인도 고대어인 산스끄리뜨 어 니르와나(nirvāṇa)를 음역한 말. '[번뇌의 불길을] 불어서 끄다'는 의미를 갖는다.

'개념' '나와 세상의 구성요소' '부처님의 가르침' 등을 의미한다. '나와 세상을 이루고 있는 구성요소' 낱낱은 모두 '개념'으로 표현되며 부처님은 갖가지 개념들에 의해 '가르침'을 베푸셨다. 그런데 소승불교도들은 무아를 추구하기는 했지만, 이런 법은 실재한다고 간주했던 것이다. 이들은 감정의 장애에서 벗어나 무아를 체득하기 위해 노력하긴 했어도 '법이 실체를 갖는다'고 간주하는 인식의 장애까지 완전히 정화하지는 못했던 것이다.

이를 비판하는 불교사상이 바로 반야사상[20]이다. 반야사상에서는 열반의 경지에서는 아뜨만이 존재하지 않음도 알아야 하지만, 법(法)들도 실재하지 않음을 알아야 한다고 가르친다. 소승불교에서 추구하던 아공(我空)은 물론이고 모든 법에 실체가 없다는 법공(法空)도 체득해야 완전한 열반이란 것이다.

그래서 반야를 가르치는 경전 중 하나인 《반야심경》에서는 "눈도 없고, 코고 없고, 귀도 없고, 혀도 없고, 몸도 없고, 생각하는 작용도 없다[無眼耳鼻舌身意]."고 가르친다. 틀림없이 눈도 붙어 있고 코도 달려 있는 것이 내 얼굴의 모습인 줄 알았는데, 《반야심경》에서는 나에게 눈이나 코와 같은 여섯 가지 지각기관이 있다고 보는 것은 모두 착각이라는 것이다. 그뿐만이 아니다. 《반야심경》의 이어지는 구절에서는 형상[色]과 소리[聲]와 냄새[香]와 맛[味]과 촉감

---

[20] 반야(般若)는 쁘라갸(prajñā)라는 산스끄리뜨 어의 음역어(音譯語)로, '깨달음의 지혜'를 의미한다. 일반 지식은 차곡차곡 쌓아서 이룩되지만, 깨달음의 지혜인 반야는 고정관념의 해체를 통해 성취된다. '생각을 쌓기'인가, '생각을 부수기'인가에 따라 지식[知]과 지혜[智]가 구별된다.

[觸]과 생각된 내용[法] 등 여섯 가지 지각대상들이 모두 없다[無色聲香味觸法]고 가르친다. 여기서 말하는 '눈·귀·코 …… 생각된 내용' 등과 '형상·소리·냄새 ……' 등이 바로 법(法)들이다.[21]

그러면 《반야심경》에서는 어째서 이렇게 눈·귀·코 등의 법들이 없다고 하는가? 이에 대한 논리적 해명을 우리는 《중론》에서 발견할 수 있다. 《중론》 제3 〈관육정품(觀六情品)〉에서는 이 중 '눈'이라는 법이 실재하지 않음을 다음과 같이 논증한다.

눈[能見]은
자기 자신을 볼 수 없다.
자기 자신을 볼 수 없는 것이
어떻게 다른 것을 보겠는가?
是眼則不能 自見其己體 若不能自見 云何見餘物.

― MK. 3-2

이 게송 가운데 "눈은 자기 자신을 볼 수 없다."는 첫 구절이 '눈이 없다'는 논증의 전부다. 독특하거나 오묘한 논리를 이용하여 눈이 없음을 논증하는 것이 아니다. '있는 그대로 보라!'는 것이다. 있는 그대로 보면 눈의 존재를 확인할 수 없다는 것이다.

사실 내가 아무리 나의 눈을 보려고 해도 볼 수가 없다. 아무리

---

21) 여기서 '생각된 내용'을 의미하는 법(法)은 동시에 '세상의 구성요소[法]' 이기도 하다.

둘러보아도 나의 눈은 보이지 않는다. 코끝은 보이고 머리칼은 보일지 몰라도 그 사이에 있을 것 같은 나의 눈은 보이지 않는다. 나는 평생 내 눈의 존재를 나의 눈으로 확인한 적이 없다. 마치 칼날이 칼날 스스로를 자를 수 없고, 손가락 끝으로 그 손가락 끝을 가리킬 수 없듯이 내 눈으로 내 눈을 볼 수가 없다. 그래서 눈은 실재하지 않는다.

어떤 사람은 다음과 같이 반박할지도 모른다. '나에게 내 눈은 안 보여도 남의 눈은 보이니까, 눈이 실재하지 않는다고 말할 수 없다'고……. 그러나 '남의 눈'은 진정한 눈이 아니다. 십이처의 분류 방식에 따르면, 나에게 보이는 '남의 눈'은 나의 눈에 비친 대상 세계의 일부일 뿐이다. 나에게 보이는 갖가지 색깔과 형상들 중 한 부분일 뿐이다. 십이처 중 '눈의 영역[眼處]'이 아니라, '형상의 영역[色處]'에 속한다. 따라서 남의 눈은 진정한 눈이 아니다.

또 다른 사람은 다음과 같이 반박할지도 모른다. '거울에 비추어 보면 내 눈을 볼 수 있다'고……. 그러나 거울에 비친 나의 눈 역시 진정한 눈이 아니다. 나에게 보인 남의 눈과 마찬가지로 '나에게 보인 색깔과 형상들 중 일부'일 뿐이다. 이 역시 십이처 중 '형상의 영역[색처]'에 속한다. 진정한 불은 뜨거움이라는 성질을 가져야 하고, 진정한 바람은 움직임이라는 성질을 가져야 하듯이, 눈이 진정한 눈이기 위해서는 '보는 힘'을 가져야 한다. 그러나 '거울에 비친 나의 눈'이나 '나에게 보인 남의 눈'은 보는 힘을 갖고 있지 않다.

이렇게 그 어디에서도 보는 힘을 갖는 나의 눈은 보이지 않기에 눈이 존재하지 않는다는 추론에 근거하여 다시 다음과 같은 논의가 가능하다.

눈이 없다면, 우리가 '눈에 보이는 것'이라고 생각했던 시각 대상들에 대해서도 '눈에 보인 것'이라고 규정할 수가 없다. '눈'이 존재해야 '눈에 보인 것'이 있을 수 있다. 마치 긴 것이 존재해야 짧은 것이 있을 수 있듯이……. 긴 것을 염두에 두지 않으면 어떤 막대에 대해 짧다는 규정을 할 수 없듯이, '눈'이 존재하지 않기에, 우리가 지금까지 '눈에 보인 것'이라고 생각했던 것에 대해서 '눈에 보인 것'이라는 말을 붙일 수가 없다.

불교 전문용어로 '눈'을 능견(能見: 보는 측)이라고 부르고 '눈에 보인 것'을 소견(所見: 보이는 측)이라고 부른다. 능견과 소견은 연기 관계에 있다. 따라서 능견이 없으면 소견이 있을 수 없다. 능견인 '눈'이 없으면 지금 내 앞에 보이는 책과 컵 등을 '눈에 보인 것[所見]'이라고 부를 수 없다는 말이다. 또 이렇게 '눈'도 없고, '눈에 보인 것'도 없다면, 양자의 관계인 '보는 작용' 역시 존재할 수 없다. 그래서 위 게송에서 용수는 "자기 자신을 볼 수 없는 것이 어떻게 다른 것을 보겠는가?"라고 반문하는 것이다.

이렇게 '눈'과 '눈에 보인 것'과 '보는 작용'이 모두 실재하지 않음을 논증한 후 용수는 '보는 자' 역시 실재하지 않음을 다음과 같이 논증한다.

눈이 보는 것도 아니고,
눈이 아닌 것이 보는 것도 결코 아니다.

눈에 대한 설명과 같이
보는 자도 이해해야 한다.
見不能有見 非見亦不見 若已破於見 則爲破見者.

— MK. 3-5

앞의 게송에서 말하듯이 눈은 자기 자신을 볼 수 없다. 따라서 눈은 독립적으로 실재하지 않는다. 눈이 없기에 '눈에 보인 것'도 없다. 또 눈과 눈에 보인 것이 없다면 눈이 무엇인가를 보는 일도 있을 수 없다. 따라서 '눈이 본다'는 분별은 옳지 않다.

이렇게 '눈이 본다'는 판단이 오류에 빠지자, 이를 피하기 위해 '눈이 아닌 것이 본다'는 주장을 하는 사람이 있을지 모른다. 그러나 '눈이 아닌 것'은 아예 볼 수조차 없다. 또 무엇을 보기 위해서는 눈이 보든지, 눈이 아닌 것이 보아야 한다. 따라서 제3의 무엇이 보는 것도 아니다. 또 이렇게 눈도 볼 수 없고, 눈이 아닌 것도 볼 수 없다면 보는 작용 자체가 성립하지 않는다. 보는 작용이 성립하지 않는다면, 보는 자 역시 존재할 수가 없다.

'눈'과 '눈에 보인 것' 각각의 독립적 실재성에 대한 비판으로 논의를 시작했던 제3〈관육정품〉에서는 이렇게 '보는 자'라는 주체의 존재 역시 비판한 후 다음과 같은 게송으로 마무리한다.

귀 · 코 · 혀 · 몸 · 생각하는 작용과
소리와 듣는 자 등도
모두 앞에서 설명한 것과

마찬가지임을 알아야 한다.

耳鼻舌身意 聲及聞者等 當知如是義 皆同於上說.

— MK. 3-8

눈 스스로 눈의 존재를 확인할 수 없듯이, 귀나 코 등의 경우도 스스로 각각의 존재를 확인할 수 없다. '귀가 소리를 듣는다'고 하려면 '소리'라는 대상이나 '들음'이라는 작용이 있기 이전에 '귀'의 존재가 확립되어 있어야 한다. 주체가 있어야 그것이 무엇에 대해 작용을 할 수 있기 때문이다. 그러나 아직 소리를 듣기 이전에는 귀의 존재가 확인되지 않는다. 앞에서 말했던 눈이 손에 만져지는 살덩어리로서의 눈이나, 거울에 비쳐 보이는 눈을 의미하는 것이 아니었듯이, 여기서 말하는 귀는 머리 양측에 붙은 귀, 손에 만져지는 귀를 의미하지 않는다. '듣는 힘'을 갖는 귀를 의미한다.

'코가 냄새를 맡는다'거나 '혀가 맛을 본다'거나 '몸이 촉감을 느낀다'거나 '생각하는 작용[意]이 생각된 내용[法]을 떠올린다'고 하는 것 모두 이와 마찬가지다. 냄새·맛·촉감·생각된 내용 등과 같은 각각의 대상에 대해 맡음·봄·느낌·떠올림과 같은 각각의 작용을 하기 위해서는 그 이전에 별도로 '코' '혀' '몸' '생각하는 작용' 등의 존재가 확립되어 있어야 한다. 그러나 그런 각 대상들과 그런 각 작용들이 있기 이전에 그런 각 주체들의 존재는 확인되지 않는다. 눈·귀·코·혀·몸·생각하는 작용[眼耳鼻舌身意] 등은 각각 형상·소리·냄새·맛·촉감·생각된 내용[色聲

香味觸法] 등과의 관계 속에서 연기적으로 발생하는 것이지 독립적으로 존재하는 것이 아니다. 공의 진리를 가르치는 경전인《반야심경》에서는 이를 다음과 같이 노래한다.

> 공성의 경지에는 …… 눈·귀·코·혀·몸·생각하는 작용이 존재하지 않으며, 형상·소리·냄새·맛·촉감·생각된 내용이 존재하지 않는다.
>
> 是故 空中 無色 無受想行識 無眼耳鼻舌身意 無色聲香味觸法.

중관논리를 체득하기 위해서는 여기서 한 걸음 더 나아가야 한다. 제3〈관육정품〉에서 '눈이 무엇을 본다'는 판단에서 오류를 지적하는 방식과 제2〈관거래품〉에서 비판되었던 '가는 자가 간다'는 판단, 또는 이를 설명하기 위해 예로 들었던 '비가 내린다'는 판단에서 오류를 지적하는 방식에서 공통점을 추출해 내는 것이 중관논리를 제대로 이해하는 관건이 된다.

비단 '눈이 무엇을 본다'는 판단뿐만 아니라, 다른 모든 판단에 대해 중관논리적으로 비판하는 방식도 '비가 내린다'는 판단이나 '가는 자가 간다'는 판단에 대한 비판방식과 대비시켜 이해할 수 있어야 한다.

그러면 '눈이 사물을 본다'는 판단이 비판되는 과정을 '가는 자가 간다'는 판단과 '비가 내린다'는 판단이 비판되는 과정과 대비시켜 보자.

* 연기공식:
- 가는 작용이 없으면 가는 자가 없다.
- 내림이 없으면 비가 없다.
- 시각대상이 없으면 눈이 없다.

* 연기공식의 응용:
- 가는 작용이 없는 상태에서 가는 자의 존재는 확인되지 않는다.
- 내림이 없는 상태에서 비의 존재는 확인되지 않는다.
- 시각대상이 없는 상태에서 눈의 존재는 확인되지 않는다.
=눈은 자기 자신을 볼 수 없다.[MK. 3-2 전반]

* 제2구 비판:
- 어떻게 가는 작용을 갖지 않는 가는 자가 있어서 가겠는가?
- 내림을 갖지 않은 비가 어떻게 내리는 작용을 할 수 있겠는가?
- 보는 기능을 갖지 않은 눈이 어떻게 보는 작용을 할 수 있겠는가?
=자기 자신을 볼 수 없는 것이 어떻게 다른 것을 보겠는가?[MK. 3-2 후반]

위에 인용했던 MK. 3-2 게송은 여기서 보듯이 '연기공식'과 '제2구 비판'의 변형에 다름 아니다. 중관논리는 일종의 테크닉이다. 언어와 사유가 구성해 낸 모든 판단에서 오류를 간파해 내는 테크닉이다. 그리고 위와 같이 '가는 자가 간다'거나 '비가 내린다'는 판단이 중관논리에 의해 비판되는 과정에 대응시켜 다른 게송들을 이해하려고 노력할 때 중관논리의 테크닉은 쉽게 익혀진다.

5. 발생에 대한 분석

　용수가 《중론》을 통해 구사하는 중관논리는, 우리의 평범한 사고방식이 범하는 논리의 오류를 찾아내는 데 동원될 수도 있지만, 원래는 갖가지 불교 교학체계에 내재하는 모순을 지적하기 위한 목적에서 창안되었다. 용수 당시 소승불교의 교학체계, 즉 아비달마 교학에서는 세상만사를 갖가지 법[요소]들로 세분한 후 그를 재조직하여 불교의 세계관과 인생관과 수행이론 등을 수립하였다.

　용수 이후의 문헌이긴 하지만 세친의 《구사론(俱舍論)》에 이런 교학체계 중 하나가 자세히 소개되어 있다. 《구사론》에서는 세상만사를 75가지 법으로 분류한다. 물론 더 세분될 수 있지만, 설명의 편의를 위해 75가지 요소[法]로 나눈 것일 뿐이다. 그리고 이 75가지 요소는 다시 다음과 같이 다섯 가지 부류[5位]로 분류된다.

　① 물질과 형상[色法]: 눈·귀·코 …… 형상·소리 등.
　② 굵은 마음[心王法]: 눈에 보인 내용, 귀에 들린 내용 등.

③ 굵은 마음에 수반되어 일어나는 마음작용[心所法]: 느낌·사고·탐욕·분노·들뜸·우울·참회·집중·갖가지 번뇌 등.

④ 마음과 관계되는 것만은 아닌 작용[心不相應行法]: 생·주·멸·음절·단어·문장 등.

⑤ 조작되지 않은 것들[無爲法]: 열반·허공 등.

물리화학적으로 볼 때 우리 주변의 물질 대부분은 수소(H)·산소(O)·탄소(C)·철(Fe)·나트륨(Na) 등등의 103가지 원자가 모여 만들어진 것들이다. 이런 원자들이 갖가지 방식으로 조합되어 분자가 된 후 다시 책상도 되고 나무도 되고 컴퓨터가 되기도 한다. 이와 유사하게《구사론》에서는 우리가 체험하는 세상만사 모두는 다섯 부류의 75가지 요소[5위 75법]의 다양한 조합에 의해 이루어지는 것이라고 가르친다. 이런 5위 75법의 이론체계는 '정신과 물질을 포괄하는 원자론'이라고 풀이할 수 있다.

지금 내가 컴퓨터 자판을 두드릴 때, 75가지 요소 중 '[모니터를 보는] 눈·[자판 소리를 듣는] 귀·[모니터의] 형상·[자판 두드리는] 소리·느낌·생각·촉감·집중·단어·문장 …… 등등'의 원자와 같은 요소[법]들이 모여 '내가 체험하는 모든 것'이라는 분자와 같은 체험을 구성하게 된다. 내가 잠에 들 때에는 75가지 요소[법] 가운데 '생각·생각의 내용·느낌·잠 …… 등' 또 다른 요소[법]들이 모여 '내가 체험하는 잠'을 구성하게 된다. 경험이 달라짐에 따라, 그 경험을 이루는 구성요소인 법들의 조합이 달라진다.

또 이런 5위 75법 체계에 의거하여 불교의 수행이론이 제시되기도 한다. 이런 법들 중 '굵은 마음[심왕법]에 수반되어 일어나는 마음작용[心所法]'에 소속된 여러 가지 '번뇌'와 '악한 마음'을 제거하는 것이 불교 수행의 길이다.

이런 5위 75법의 이론체계는 불교 경전에 흩어져 있는 부처님의 가르침을 모두 수집하여, 불교의 세계관과 수행이론으로 일목요연하게 체계화시켜 놓았다는 점에서 소중한 가치를 갖긴 하지만, 중관학의 견지에서 볼 때 그 모두에서 논리적 오류가 발견된다. 이 역시 인간의 사유와 언어에 의해 구성된 이론이기 때문이다.

《중론》이 아비달마 교학체계를 비판하기 위해 쓰여진 것이긴 하지만, 특히 제7 〈관삼상품(觀三相品: 세 가지 특징에 대한 분석)〉에서는 이런 《중론》의 취지가 명확히 드러난다. 〈관삼상품〉에서는 5위 중 ④ '마음과 유리된 조작[心不相應行法]'이라는 범주 내에 '생(生, 발생)·주(住, 머무름)·멸(滅, 소멸)'이라는 '법'이 포함된다는 아비달마 교학의 이론이 범하게 되는 논리적 오류를 지적한다.

앞에서 '세상만사는 모두 무상하다[諸行無常]'는 초기불교의 가르침에 대해 소개한 바 있는데, 소승불교의 교학체계에서는 이를 '모든 유위법(有爲法)은 생·주·멸한다'고 보다 구체적이고 체계적으로 표현한다. 여기서 말하는 유위법은 '조건에 의해 만들어진 것', 또는 '인연에 의해 만들어진 것'을 의미하기에 제행무상이라는 가르침은 '인연에 의해 만들어진 모든 것은 발생했다가[생] 머물렀다가[주] 소멸한다[멸]'고 풀이할 수 있다. 다시 말해 '발생과 머무름과 소멸'은 '인연에 의해 만들어지는 모든 유위법이 반드시 띠고 있는 세 가지 특징[三相]'인 것이다. 위에 열거한 다섯 부류 가운데 ①, ②, ③, ④는 모두 유위법에 속한다. 색법이든 심왕법이든 심소법이든 심불상응행법이든 영원한 것은 없으며, 언젠가 발생했다가 잠시 머물다가 결국은 소멸한다. 즉 '생·주·멸'이라는 세 가지 특징을 띤다.

그런데 여기서 문제가 발생한다. 다섯 부류 가운데 ④ '심불상응행법'에 '생·주·멸'이 포함되어 있기 때문이다. 모든 유위법이 '생·주·멸' 한다면 심불상응행법에 속하는 '생·주·멸' 역시 '생·주·멸' 해야 한다. 달리 말해서 모든 유위법이 '생·주·멸'이라는 세 가지 특징을 띤다면, '생·주·멸' 역시 유위법에 속하기에 '생·주·멸'이라는 세 가지 특징을 띠어야 할 것이다.

예를 들어 항아리가 만들어져 생겼을 때, 그런 '생김' 역시 발생한 후 머물렀다가 소멸해야 하고, 항아리가 사용되며 머물러 있을 때, 그런 '머무름' 역시 발생한 후 머물렀다가 소멸해야 하며, 항아리가 깨져서 소멸할 때, 그런 '소멸'도 발생했다가 머물렀다가 소멸해야 할 것이란 말이다. 이런 식으로 논의를 전개할 때 논의가 무한히 소급하는 논리적 오류에 빠진다.

'생'만 예로 들어 이를 다시 설명하면 다음과 같다. 어린아이가 탄생했을 때, '어린아이'도 발생했지만 '탄생'도 발생했다. 또 '탄생의 발생'도 발생했다. 그렇다면 '탄생의 발생의 발생도 발생했다.' …… 논의가 끝나지 않는다. '모든 유위법은 생·주·멸이라는 세 가지 특징을 갖는다'는 아비달마 교학의 이론이 범하게 되는 이러한 논리적 오류를 용수는 다음과 같이 노래한다.

만일 생·주·멸이

다시 유위법의 특징을 갖는다면

무한소급의 오류에 빠지고,

[생·주·멸이] 유위법의 특징을 갖지 않는다면

생·주·멸은 유위법이 아닌 꼴이 된다.

若謂生住滅 更有有爲相 是卽爲無窮 無卽非有爲.

— MK. 7-3

유위법의 세 가지 특징이 되는 '생·주·멸' 역시 유위법이기에 다시 '생·주·멸'이라는 세 가지 특징을 띠는 것이라면 논의가 무한히 계속되는 오류에 빠지고, 그와 반대로 '생·주·멸'만은 '생·주·멸'이라는 세 가지 특징을 갖지 않는다면, '생·주·멸'은 유위법이 아니라 무위법이라는 말이 된다. 모든 법은 유위법 아니면 무위법이기 때문이다. 무위법이란 '조작되지 않은 존재' '조건이 모여 만들어진 것이 아닌 법'을 의미하며 열반이나 허공 등이 그 예인데, '생·주·멸'이 그런 무위법일 리가 없다. 또 위에서 설명했듯이 5위 75법의 아비달마 교학체계에서 '생·주·멸'은 분명히 유위법으로 분류된다. '생·주·멸'이 유위법의 특징을 갖지 않는다고 한다면 이러한 애초의 전제에 위배되기에 옳지 않다. 이럴 수도 없고 저럴 수도 없는 궁지이다.

그런데 《중론》을 공부하면서 여기서 우리가 익혀야 할 것은 '생·주·멸에 실체가 없다'는 결론이 아니라 '생·주·멸'의 실체성이 비판되는 방식이다. '모든 유위법은 생·주·멸의 삼상을 갖는다'는 이론이 빠지게 되는 궁지 역시 앞 절에서 '비가 내린다'는 판단이 빠졌던 궁지와 그 구조가 동일하다. 이를 대비시켜 보자.

* 제1구 비판:
  · '내림을 갖는 비가 내린다'면 두 번의 내림이 있게 된다(중복).
  · 모든 유위법이 '생·주·멸'이라는 세 가지 특징을 갖는다면, '생·주·멸' 역시 유위법에 소속되기에 '생·주·멸'이라는 세 가지 특징을 가져야 하고 결국 무한소급의 오류가 발생한다(무한한 중복).
* 제2구 비판:
  · '내림을 갖지 않는 비가 어딘가에 있어서 내린다'면 사실에 위배된다.
  · '생·주·멸'만은 유위법이 아니라면 애초의 전제에 위배된다.

이상에서 보듯이 '모든 유위법은 생·주·멸한다'는 이론과 5위 75법의 분류법은 논리적 오류를 범한다. 그러자 소승불교도들은 이런 오류를 해결하기 위해 '생생(生生)·주주(住住)·멸멸(滅滅)'이라는 새로운 '법[요소]'을 고안해 내었다. '생생'이란 '애초의 생'만을 발생하게 하는 법이고, '주주'란 '애초의 주'만을 머물게 하는 법이며, '멸멸'이란 '애초의 멸'만을 소멸하게 하는 법이다. 물론 이런 생생과 주주와 멸멸 모두 5위 가운데 심불상응행법에 속한다. 앞에서 비판받았던 '애초의 생'과 '애초의 주'와

'애초의 멸'은 모든 유위법을 발생하게 하고 머물게 하고 소멸하게 하는 세 가지 특징이었다.

새로운 이론체계에서는 이런 애초의 세 가지 특징을 '본래의 생·주·멸'이란 의미에서 본생(本生)·본주(本住)·본멸(本滅)이라고 바꿔 부른다. 다른 모든 유위법은 본생·본주·본멸이 생·주·멸하게 만들지만, 그런 본생·본주·본멸만은 각각 생생·주주·멸멸이 생·주·멸하게 만든다고 할 경우 무한소급의 오류에서 벗어날 수 있다고 보았던 것이다. '생생·주주·멸멸'이라는 보조적 특징은 애초의 이론이 빠지게 되는 무한소급의 오류를 방지하기 위해 새롭게 고안된 이론적 장치였다.

이런 세 가지 보조적 특징을 불교 전문용어로 수상(隨相, anu-lakṣaṇa)이라고 부르는데 소승불교 이론가는 이런 수상들 가운데 '생생'만을 예로 들어 그 역할에 대해 다음과 같이 노래한다.

생생은
오직 본생만 발생하게 할 뿐이며,
본생이
다시 생생을 발생하게 한다.
生生之所生 生於彼本生 本生之所生 還生於生生.

— MK. 7-4

이 경우 무한소급의 오류는 발생하지 않는다. 본생은 다른 모든 유위법을 발생하게 하며, 그 본생의 발생을 생생이 담당하기 때문이다. 생생의 역할은 오직 본생을 발생하게 하는 것뿐이다. 그리고 그 생생의 발생은 다시 본생이 담당한다. 그러나 이런 이론적 고안에 대해서도 용수는 다음과 같이 비판한다.

> 만일 생생이
> 본생을 발생하게 하는 것이라면,
> 생생은 본생에서 발생하는 것인데
> 어떻게 본생을 생할 수 있겠는가?
> 若謂是生生 能生於本生 生生從本生 何能生本生.
>
> — MK. 7-5

> 만일 본생이
> 생생을 발생하게 하는 것이라면
> 본생은 생생에서 발생하는 것인데
> 어떻게 생생을 생할 수 있겠는가?
> 若謂是本生 能生於生生 本生從彼生 何能生生生.
>
> — MK. 7-6

소승불교도들은 '무한소급의 오류'를 피하기 위해 '생생' 등의 '보조적 특징[隨相]'을 고안하였는데, 그런 고안은 '악순환의 오류'를 범한다는 지적이다. 악순환이란 어떤 '전제'에 의해 어떤 '결론'을 도출하려 할 때, 그 '전제'가 '앞으로 도출될 결론'에 토대를 둔 것일 때 발생하는 논리적 오류이다. 예를 들어 닭이 어디에서 나온 것인지 물을 때 달걀에서 나온 것이라고 답을 할 수 있 겠지만, 그것으로 의문이 모두 풀린 것은 아니다. 달걀은 닭에서 나온 것이기 때문이다. '닭이 먼저냐 달걀이 먼저냐' 라고 물을 경 우, 닭이라고 답할 수도 없고 달걀이라고 답할 수도 없다. 악순환 이 발생하기 때문이다. 이와 마찬가지로 소승불교도들이 본생의 근거를 생생에 두었지만, 그 생생이 원래 본생에서 비롯된 것이기 에 악순환에 빠지고 만다. 위에 인용한 두 수의 게송에서 용수는 이를 지적하는 것이다.

지금까지 고찰해 보았듯이 '모든 유위법은 생·주·멸한다' 는 이론은 무한소급의 오류를 범하고 있고, 이런 오류에서 벗어나기 위해 '생생·주주·멸멸' 이라는 세 가지 보조적 특징을 설정한다 고 해도 '악순환의 오류' 를 피하지 못한다. 그러나 소승불교도는 이에 굴하지 않고 다시 다음과 같은 제3의 이론을 제시한다.

> 마치 등불이 자기와 다른 것 양측을
> 모두 비추어 드러내는 것처럼,
> '생' 은 자기 자신과 다른 것들
> 모두를 발생하게 한다.
> 如燈能自照 亦能照於彼 生法亦如是 自生亦生彼.
>
> — MK. 7-9

컴컴한 방에 들어갔을 때, 등불을 켜면 방안에 있던 물건들이 드 러나 보인다. 그런데 등불을 켠 순간 방안에 있던 물건뿐만 아니라 등불 역시 그 모습을 드러낸다. 등불을 보기 위해 다른 등불을 또 켤 필요는 없다. 등불은 다른 물건들도 비추어 드러내고, 자기 스스로의 모습도 비추어 드러내는 두 가지 역할을 동시에 하기 때문이다. 소승불교도는 '유위법의 특징인 생은 등불과 마찬가지로 다른 사물도 발생하게 하고 자기 자신도 발생하게 하는 두 가지 역할을 동시에 한다' 고 주장하는 것이다.

그러나 용수는 이 역시 인정하지 않고 다음과 같이 반박한다.

> 등불 그 자체에는 어둠이 없다.
> 등불이 머무르는 곳에도 어둠은 없다.
> 어둠을 파괴하기에 비춘다고 하는데
> 어둠이 없다면 비춤도 없다.
> 燈中自無暗 住處亦無暗 破暗乃名照 無暗則無照.
>
> — MK. 7-10

용수는 '등불은 자신과 다른 것 양자 모두를 비추어 드러낸다' 는 비유를 비판함으로써 소승불교도의 주장을 반박하는 것이다. 이 게송에서 말하듯이 등불 그 자체, 즉 등불 속에는 어둠이 있을 수가 없다. 등불 자체에는 '밝음' 만 있을 뿐이다. 또 등불의 불빛이 미치는 영역에도 어둠은 있을 수 없다. 우리 속담에서 말하듯이 등잔의 밑이 어둡지 등잔의 불빛이 미치는 곳은 어두울 수가 없다. 등불 속이든, 등불의 불빛이 미치는 곳이든 어둠은 없다. 경찰이 도둑을 만나야 도둑을 잡을 수 있듯이, 등불의 불빛이 어둠을 파괴하기 위해서는 불빛이 어둠을 만나야 한다. 그러나 등불 속에서든, 등불의 불빛이 미치는 곳에서든 등불은 어둠을 만날 수가 없다. 등불이 어둠을 만날 수 없다면, 등불은 어둠을 파괴할 수도 없다. 다시 말해 등불은 어둠을 비출 수 없다. 등불이 어둠을 비춘다는 것은 말만 있을 뿐, 이 세상에서 일어나는 일이 아니다. 따라서 위에서 소승불교도가 '생은 자신도 생하고 남도 생한다'는 주장을 입증하기 위해 근거로 삼았던 등불의 실례는 옳지 못하다. 등불의 실례가 옳지 못하기에, 이런 실례에 근거하여 '생은 자기 자신과 다른 것 모두를 발생하게 한다'고 주장하는 것 역시 타당할 수 없다.

혹자는 '등불은 어둠을 비추지 못한다'는 용수의 주장을 비판하면서, 등불이 켜진 다음에 어둠을 비추는 것이 아니라, 등불이 켜지는 바로 그 순간에 어둠과 만나서 어둠을 비추는 것이라고 주장할지도 모른다. 컴컴한 방에서 성냥을 긋는 바로 그 순간에 불빛이 발생하면서 어둠을 물리치며 비춘다는 것이다. 그러나 이에 대해서도 용수는 다음과 같이 비판한다.

> 어떻게 등불이 발생하는 그 순간에
> 어둠을 쫓을 수 있겠는가?
> 등불이 처음 발생하는 순간에는
> 어둠에 도달하지 못하는데…….
> 云何燈生時 而能破於暗 此燈初生時 不能及於暗.
>
> — MK. 7-11

서양의 형식논리학에서는 배중률(排中律)이라는 법칙을 말한다. 중간을 배제시킨다는 뜻이다. 그 어떤 것이든 A이든가 A가 아닌 것이지[A or ~A], 그 중간은 없다는 것이다. 《중론》에서도 이런 배중률의 법칙이 자주 동원된다. 앞의 제2 〈관거래품〉 제1 게에서 "이미 가버린 것과 아직 가지 않은 것을 떠난 지금 가는 중인 것 역시 가고 있지 않다."는 것은 배중률의 법칙을 시간의 흐름에 적용함으로써 도출된 조망이다. 시간은 '가버린 시간'이나 '가지 않은 시간'만 있을 뿐이기에 그 중간에 '지금 가는 중인 시간'을 설정할 수가 없다.

등불의 발생에 대해서도 용수는 이런 배중률의 법칙을 적용한다. 등불은 이미 켜진 상태나, 아직 켜지지 않은 상태만 있을 뿐 그 사이에 '지금 켜지고 있는 중인 상태'를 설정할 수 없다는 것이다. '이미 켜진 상태의 등불'만이 진정한 등불이며, '지금 켜지고 있는 중인 상태의 등불'은 '아직 켜지지 않은 상태의 등불'과 마찬가지로 전혀 등불이 아니다. 따라서 어둠에 도달할 수도 없고 어둠을 물리칠 수도 없다는 것이다.

그러나 실제 그럴까? 현대과학에서도 등불이 발생하는 순간에 어둠을 물리칠 수 없다고 보아야 할까? 고속촬영기술이란 것이 있다. 풍선에 총을 쏘면 한 순간에 터지는 것같이 보이지만, 이를 고속으로 촬영하여 슬로모션으로 재생할 경우 총알이 풍선과 만나는 장면, 풍선의 찢어지는 장면, 찢어진 풍선조각이 날아가는 장면을 모두 볼 수 있다. 이와 마찬가지로 어둠 속에서 등불을 켜는 장면을 고속촬영한 후 이를 슬로모션으로 재생하면 등불의 불빛이 어둠을 향해 진행하는 장면, 어둠을 만나 물리치는 장면, 어둠의 영역이 점점 줄어드는 장면이 모두 보이지 않을까? 그렇다면 등불이 어둠을 비춘다고 말해야 하지 않을까? '등불은 어둠과 만나지 못한다'고 용수가 주장한 것은 당시 고속촬영기술이 없었기 때문은 아닐까?

그렇지 않을 것이다. 빛이 어둠을 만나 물리치는 장면을 촬영할 수 있는 장소는 이 세상 어디에도 없다. 아인슈타인의 상대성이론[22]이 가르치듯이 이 세상 속에 빛이 존재하는 것이 아니라, 거꾸로 빛이 이 세상의 모습을 구성해 낸 것이기 때문이다. 빛은 절대이다. 모습의 세계에서 빛보다 더 절대적인 것은 없기에 빛을 대상화하여 관찰할 수 있는 곳은 그 어디에도 존재하지 않는다.

대승불교에서는 이러한 절대광명을 '고요한 광명의 법당[大寂光殿]' 속에 앉아 계신 비로자나(Vairocana) 부처님으로 구상화하여 신앙한다.

---

[22] 상대성이론에서 중력은 가속도라는 시각현상으로 환원되어 표현된다. 중력이 지배하는 시공간 속에 빛이 존재하는 것이 아니라, 빛이 시공간의 세계를 구성한다.

6. 행위와 행위자에 대한 분석

　불교에서는 우리의 모든 행위가 우리 각자의 마음속에 저장되었다가, 시기가 무르익으면 행복과 불행으로 변하여 그것을 우리가 체험한다고 가르친다. 이를 인과응보의 가르침이라고 부르는데 어떤 절대자가 있어서 나에게 행복과 불행을 주는 것이 아니라 나 스스로 나의 행복과 불행을 만들어 간다는 점을 가르친다는 의미에서 자업자득(自業自得)의 가르침이라고 부르기도 한다. 여기서 업(業)은 우리가 짓는 행위를 의미하며 득(得)은 획득한다거나 받는다는 의미이다. 모든 것은 내가 짓고 내가 받는다. 이것이 통상적인 불교의 가르침이다.

　그러나 《중론》 제8 〈관작작자품(觀作作者品: 행위와 행위자에 대한 분석)〉에서는 이렇게 '내가 업을 짓는다'는 사고방식에서 논리적 오류를 지적한다. 용수는 먼저 다음과 같이 선언한다.

　　실재하는 행위자는

실재하는 행위를 행하지 못한다.
실재하지 않는 행위자도
실재하지 않는 행위를 행하지 못한다.
決定有作者 不作決定業 決定無作者 不作無定業.

— MK. 8-1

행위자, 즉 업을 짓는 자가 실재한다고 볼 경우, '행위자가 행위한다'는 말은 논리적 오류를 범한다. 왜냐하면 행위자가 실재하려면, 행위자라는 말을 하는 순간 그가 이미 행위를 하고 있어야 하기 때문이다. 행위하지 않는 행위자는 존재할 수 없다. '실재하는 행위자가 행위를 한다'는 것은, 이미 행위를 하고 있는 행위자가 다시 행위를 한다는 의미가 되기에 두 번의 행위가 있게 되는 오류가 발생한다. 하나는 주어인 '행위자'라는 말에 전제된 행위이고 다른 하나는 술어인 '행위한다'는 말에 쓰여진 행위이다.

위 게송의 전반부에서는 '행위자가 행위한다'는 판단 중 주어에 대한 제1구적 이해가 비판되고 있는데, 이를 앞에서 비판되었던 '비가 내린다'는 판단이 범하는 논리적 오류의 구조와 대비시키면 다음과 같다.

* 제1구 비판:
  · '비가 내린다'고 할 때, '내림을 갖는 비가 내린다'고 보면 내림이 두 번 있는 꼴이 된다. 하나는 '비'라는 주어가 갖는 내림이고 다른 하나는 '내린다'는 술어가 갖는 내림이다.

- '실재하는 행위자가 행위한다'고 할 때 '행위를 갖는 행위자가 행위한다'고 보면 행위가 두 번 있는 꼴이 된다. 하나는 '행위자'라는 주어가 갖는 행위이고 다른 하나는 '행위한다'는 술어가 갖는 행위이다.

또 '행위함'이 실재한다고 볼 경우에도 논리적 오류가 발생한다. 왜냐하면 '행위한다'고 말을 할 때 행위자가 수반되어야 하기 때문이다. '행위자가 실재하는 행위를 한다'는 말은 '행위자가 행위자를 수반한 행위를 한다'는 의미가 되기에 행위자가 두 번 존재하게 되는 '의미 중복의 오류'가 발생하는 것이다. 여기서는 '행위자가 행위한다'는 판단 중의 술어에 대한 제1구적 이해가 비판되고 있는데 '비가 내린다'는 판단이 비판되는 구조와 대비시키면 다음과 같다.

* 제1구 비판:
  - '비가 내린다'고 할 때, '비'가 '비를 갖는 내림'이라는 작용을 한다고 보면 비가 두 번 존재하는 꼴이 된다. 하나는 '비'라는 주어에서 말하는 비이고, 다른 하나는 '내린다'는 술어에 전제된 비이다.
  - '행위자가 실재하는 행위를 한다'고 할 때 '행위자'가 '행위자를 갖는 행위'를 한다고 보면 행위자가 두 번 있는 꼴이 된다. 하나는 '행위자'라는 주어에서 말하는 행위자이고 다른 하나는 '행위를 한다'는 술부에 전제되어 있는 행위자이다.

또 위 게송의 후반부에서 말하듯이 '실재하지 않는 행위자도 실재하지 않는 행위를 행하지 못한다.' 존재하지 않는 주체는 존재하지 않는 작용을 행할 수 없기 때문이다. '실재하지 않는 행위자는 행위를 할 수 없다.' 존재하지 않는 비는 내릴 수 없으며, 존재하지 않는 바람은 불 수 없듯이……. 여기서는 주어에 대한 제2구적 이해가 비판된다. 또 비는 '존재하지 않는 내림' 이라는 작용을 할 수가 없으며, 바람은 '존재하지 않는 붊' 이라는 작용을 할 수가 없듯이, '행위자는 실재하지 않는 행위를 행하지 못한다.'

그런데 우리가 〈관작작자품〉에서 배워야 하는 것은 '주어+술어' 로 이루어진 단일한 판단에 대한 이해방식이 총 16가지가 있을 수 있다는 점이다. 주어에 대해서도 그것이 '실재한다[제1구], 실재하지 않는다[제2구], 실재하면서 실재하지 않는다[제3구], 실재하는 것도 아니고 실재하지 않는 것도 아니다[제4구]' 라고 총 4구적으로 이해할 수 있고, 술어에 대해서도 그것이 '실재한다[제1구], 실재하지 않는다[제2구], 실재하면서 실재하지 않는다[제3구], 실재하는 것도 아니고 실재하지 않는 것도 아니다[제4구]' 라고 총 4구적으로 이해할 수 있기에 '4×4=16' 이 되어 총 16가지 이해방식이 가능하게 된다. 이에 의거하여 '행위자가 행위한다' 는 판단을 이해하는 방식의 조합을 모두 열거하면 다음과 같다.

1. 주어에 대한 총 4구적 이해와 술어에 대한 제1구적 이해
   ① 실재하는 행위자가 실재하는 행위를 한다. [제1구+제1구]
   ② 실재하지 않는 행위자가 실재하는 행위를 한다. [제2구+제1구]

③ 실재하면서 실재하지 않는 행위자가 실재하는 행위를 한다.
[제3구+제1구]

④ 실재하는 것도 아니고 실재하지 않는 것도 아닌 행위자가 실재하는 행위를 한다. [제4구+제1구]

2. 주어에 대한 총 4구적 이해와 술어에 대한 제2구적 이해

① 실재하는 행위자가 실재하지 않는 행위를 한다. [제1구+제2구]

② 실재하지 않는 행위자가 실재하지 않는 행위를 한다. [제2구+제2구]

③ 실재하면서 실재하지 않는 행위자가 실재하지 않는 행위를 한다. [제3구+제2구]

④ 실재하는 것도 아니고 실재하지 않는 것도 아닌 행위자가 실재하지 않는 행위를 한다. [제4구+제2구]

3. 주어에 대한 총 4구적 이해와 술어에 대한 제3구적 이해

① 실재하는 행위자가 실재하면서 실재하지 않는 행위를 한다.
[제1구+제3구]

② 실재하지 않는 행위자가 실재하면서 실재하지 않는 행위를 한다. [제2구+제3구]

③ 실재하면서 실재하지 않는 행위자가 실재하면서 실재하지 않는 행위를 한다. [제3구+제3구]

④ 실재하는 것도 아니고 실재하지 않는 것도 아닌 행위자가 실재하면서 실재하지 않는 행위를 한다. [제4구+제3구]

4. 주어에 대한 총 4구적 이해와 술어에 대한 제4구적 이해

① 실재하는 행위자가 실재하는 것도 아니고 실재하지 않는 것도 아닌 행위를 한다. [제1구＋제4구]

② 실재하지 않는 행위자가 실재하는 것도 아니고 실재하지 않는 것도 아닌 행위를 한다. [제2구＋제4구]

③ 실재하면서 실재하지 않는 행위자가 실재하는 것도 아니고 실재하지 않는 것도 아닌 행위를 한다. [제3구＋제4구]

④ 실재하는 것도 아니고 실재하지 않는 것도 아닌 행위자가 실재하는 것도 아니고 실재하지 않는 것도 아닌 행위를 한다. [제4구＋제4구]

용수는 위에 인용했던 MK. 8-1을 통해 이 중 1-①과 2-②의 이해 방식에 대한 비판을 게송으로 표현하였다. 1-①은 주어에 대한 제1구적 이해와 술어에 대한 제1구적 이해이며, 2-②는 주어에 대한 제2구적 이해와 술어에 대한 제2구적 이해이다.

그러면 위에 열거한 조합들 중 〈관작작자품〉에 등장하는 것들을 하나하나 인용해 보자.

실재하면서 실재하지 않는 행위자가
실재하면서 실재하지 않는 것을 행한다는 것은 옳지 않다.
서로 상반된 것인 '존재'와 '비존재'가
어떻게 한 곳에 있겠는가?

作者定不定 不能作二業 有無相違故 一處則無二.

— MK. 8-7

    이는 주어에 대한 제3구적 이해와 술어에 대한 제3구적 이해방식인 3-③을 비판하는 게송이다. 4구(四句) 가운데 제3구는 모순판단이기에 옳지 않다. 이 게송에 쓰인 '실재하면서 실재하지 않는다'는 판단에서 실재한다는 말과 실재하지 않는다는 말은 서로 모순이다. 서로 모순인 것은 이 세상에 공존할 수 없다. 마치 빛과 어둠이 함께 있을 수 없듯이……
    이를 '비가 내린다'는 명제가 비판되는 구조와 대비시키면 다음과 같다.

   * 제3구 비판:
- '비가 내린다'고 할 때 '내리면서 내리지 않는 비'가 '내리면서 내리지 않는 작용'을 한다고 이해하는 것은 옳지 않다. 서로 상반된 것인 '내림'과 '내리지 않음'이 어떻게 공존할 수 있겠는가?
- '행위자가 행위를 한다'고 할 때 '실재하면서 실재하지 않는 행위자'가 '실재하면서 실재하지 않는 행위를 한다'고 이해하는 것은 옳지 않다. 서로 상반된 것인 '실재함'과 '실재하지 않음'이 어떻게 공존할 수 있겠는가?

    그러면 다른 게송들을 모두 인용한 후 그 각각이 위의 16가지 이해방식 중 어디에 속하는 것인지 판별해 보자.

실재하는 행위자는,

실재하지 않거나,

실재하면서 실재하지 않는 행위를 행하지 못한다.

이는 앞에서 말한 이유 때문이다.

作者不作定 亦不作不定 及定不定業 其過如先說.

— MK. 8-9

실재하지 않는 행위자도

실재하거나

실재하면서 실재하지 않는 행위를 행하지 못한다.

이는 앞에서 말한 이유 때문이다.

nāsadbhūto 'pi sadbhūtaṃ sadasadbhūtameva vā/

karoti kārakaḥ karma pūrvoktaireva hetubhiḥ//

— 산스끄리뜨 본 MK. 8-10

실재하면서 실재하지 않는 행위자는

실재하는 또는 실재하지 않는

행위를 행하지 못한다.

그러나 그것은 앞에서 말한 이유에 의해 이해해야 하리라.

karoti sadasadbhūto na sannāscca kārakaḥ/

karma tatha vijāniyātpūrvoktaireva hetubhiḥ//

— 산스끄리뜨 본 MK. 8-11

MK. 8-9는 주어에 대한 제1구적 이해와 술어에 대한 제2구적 이해인 2-①과 주어에 대한 제1구적 이해와 술어에 대한 제3구적 이해인 3-①을 비판하는 게송이고, 산스끄리뜨 본 MK. 8-10은 주어에 대한 제2구적 이해와 술어에 대한 제1구적 이해인 1-②와 주어에 대한 제2구적 이해와 술어에 대한 제3구적 이해인 3-②를 비판하는 게송이며, 산스끄리뜨 본 MK. 8-11은 주어에 대한 제3구적 이해와 술어에 대한 제1구적 이해인 1-③과 주어에 대한 제3구적 이해와 술어에 대한 제2구적 이해인 2-③을 비판하는 게송이다. 그리고 이런 이해들이 비판되는 이유는 앞에서 설명했던 제1구 비판, 제2구 비판, 제3구 비판에 의해 파악하면 된다.

이상과 같이 '행위자가 행위한다'는 판단에 대한 갖가지 이해방식이 모두 오류에 빠지는 것은 '행위자'라는 개념과 '행위'라는 개념이 연기 관계에 있는 개념이기 때문이다. 누군가가 어떤 행위를 할 때, 행위의 주체와 행위라는 작용은 분리되어 있지 않다. 그냥 한 덩어리의 사건만 있을 뿐이다. 그러나 우리는 생각의 가위에 의해 그 한 덩어리의 사건을 주체와 작용으로 오려 내어 '행위자'와 '행위'를 만들어 낸 후 '행위자가 행위한다'는 판단을 작성한다. 그러나 행위자도 독립적으로 실재하지 않고 행위도 독립적으로 실재하지 않는다.

용수는 〈관작작자품〉을 마무리하면서 이런 조망을 다음과 같이 노래한다.

행위자는 행위를 조건[緣]으로 삼고,

행위는 그런 행위자를 조건으로 삼아 나타난다.

어떤 것의 근거를 추구할 때

이 이외의 것은 없다.

因業有作者 因作者有業 成業義如是 更無有餘事.

— 한역본 MK. 8-11

　행위자가 존재하지 않으면 행위가 존재할 수 없고, 행위가 존재하지 않으면 행위자도 존재할 수 없다. 행위자와 행위는 연기 관계에 있다. 행위자는 행위를 존립하게 만드는 근거이고 행위는 행위자를 존립하게 만드는 근거이다. 행위와 행위자의 이런 연기 관계가 '행위자가 행위한다'는 판단에 대한 총 4구적 이해방식 모두를 비판하게 만드는 토대인 것이다.

7. 주인공에 대한 분석

나는 눈을 두 개 갖고 있고 귀도 두 개 갖고 있으며, 코는 하나 입도 하나 갖고 있다. 또 평생을 살아가면서 갖가지 괴로움과 즐거움을 체험한다. 내가 지갑을 갖고 있고 내가 책을 갖고 있고 내가 핸드폰을 갖고 있는 것과 같은 방식으로 나는 눈과 귀를 갖고 있으며, 내가 길에서 친구를 만나고 내가 추운 겨울에 눈보라를 만나는 것과 같은 방식으로 나는 괴로움과 즐거움을 체험하는 듯하다. 여기서 눈·귀·코와 같은 지각기관과 괴로움이나 즐거움과 같은 느낌들을 불교 전문용어로 '아소(我所)'라고 부르는데, 이는 '나에게 소속된 것' 또는 '나의 소유물'이란 의미이다.

인도에서 발생한 대부분의 종교에서는 나에게 소속된 그런 지각기관과 그런 느낌들의 배후에 그 모든 지각기관들을 소유하고 그 모든 느낌들을 경험하는 주인공, 즉 '죽음으로도 파괴할 수 없는 영원불변의 자아'가 존재한다고 보면서 그런 자아를 발견하는 것을 최고의 종교적 목표로 삼았다. 왜냐하면 그런 자아를 찾아내어 그것에 의지하며 살아갈 경우 죽음의 공포에서 벗어날 수 있기 때문이다.

용수는 《중론》 제9 〈관본주품(觀本住品: 주인공에 대한 분석)〉에서 외도(外道)[23]들의 이런 주장을 다음과 같이 정리한다.

> 눈과 귀 따위의 모든 지각기관들과
> 괴로움이나 즐거움 등의 모든 느낌들은
> 누군가에게 소속되어 있는데
> 그를 주인공[자아]이라고 부른다.
> 眼耳等諸根 苦樂等諸法 誰有如是事 是則名本住.
>
> — MK. 9-1

그리고 이어지는 게송들을 통해 이를 비판하는 것이다.

'우리 집에 냉장고와 선풍기와 난로가 있다'고 할 때, 냉장고와 선풍기와 난로는 각각 하나의 물건이고 우리 집은 그런 물건들이 있는 장소가 된다. 여기서 물건인 냉장고와 그것이 있는 장소인 집은 시각적으로 확연히 구분된다. 집에서 냉장고를 꺼내도 집은 그대로 남는다. 그러면 나의 눈, 나의 귀, 나의 코, 나의 혀, 나의 몸, 나의 생각하는 작용, 나의 괴로움, 나의 즐거움 등도, 마치 냉장고가 집에 있듯이, 나에게 소속되어 있는 것일까? 나의 눈·귀·코·생각·괴로움 등을 제거해도 '주인공인 나'는 남아 있을

---

23) 불교 이외의 종교를 믿는 이교도(異敎徒).

수 있을까? 결코 그럴 수는 없을 것이다.

용수는 이를 다음과 같이 설명한다.

> 만일 눈이나 귀 등의 지각기관과
> 괴로움이나 즐거움 등의 느낌을 떠나서
> 주인공이 존재한다면,
> 무엇으로 그 존재를 파악할 수 있겠는가?
> 若離眼等法 及苦樂等法 先有本住者 以何而可知.
>
> — MK. 9-3

'나에게는 팔이 둘 달려 있다. 나는 두 다리가 성하다. 나는 두 눈을 갖고 있다. 나는 귀와 입과 혀를 갖고 있다. 내 배 속에는 위장과 창자와 간과 신장이 들어 있다. 내 가슴 속에는 심장과 허파가 들어 있다. 내 머리 속에는 뇌가 들어 있다. 나는 큰 머리를 갖고 있다.' 이 모두가 우리가 흔히 쓰는 말들이다. 나에게 팔이 둘 달려 있다는 말이 진실이려면 팔을 매달고 있는 내가 별도로 존재해야 한다. 나의 부속물인 팔을 제거해도 나는 제거되지 않아야 한다. 나에게 눈이나 귀가 붙어 있다는 말이 진실이려면 눈이나 귀를 제거해도 나는 존재해야 한다. 물론 팔, 다리나 눈, 귀를 제거해도 나는 살아 있을 수 있다.

그러나 두 다리, 두 눈, 귀, 입, 혀, 위장, 창자, 간장, 신장, 허파, 심장, 뇌, 머리 등 나에게 소속된 것들 모두를 제거할 경우는 어떻게 될까? 결국은 아무 것도 남는 것이 없게 된다. 이 모든 것들이

나의 부속기관인 줄 알았는데 부속품들을 하나하나 제거해 보니 나 역시 사라지고 만다. 눈·귀·코와 같은 부속기관들 이면에 그것들을 소유한 내가 존재한다면 이런 부속기관들을 제거해도 나만은 남아 있어야 할 것이다. 그러나 그럴 수는 없다. 우리가 일상생활 속에서 '나에게 눈과 코가 달려 있다'고 말했던 것은 사실과 합치하는 판단이 아니었다.

인도에서는 다종다양한 종교와 철학들이 출현하였다. 그런데 다른 모든 종교들과 불교의 차이점은 궁극적인 '자아'의 존재를 인정하는지의 여부에 있었다. 불교 이외의 다른 모든 종교와 철학에서는 영원한 자아의 존재를 상정한 후 나름대로의 종교체계를 건립하였다. 고대 바라문교의 성전인 《우빠니샤드》에서 말하는 아뜨만(Ātman), 벌거벗고 수행하는 자이나교에서 말하는 지와(Jīva), 요가 수행의 사상적 토대인 상캬 철학에서 말하는 뿌루샤(Puruṣa) 등이 모두 '영원한 자아'의 다른 이름들일 뿐이다. 이들 종교와 철학에서는 영원한 자아를 발견한 후 그와 합치하는 것이 종교의 궁극적 목적이라고 간주하였다. 그러나 불교에서는 그런 자아의 존재를 부정한다. 그런 자아를 발견하는 것이 아니라, 그런 자아가 존재하지 않는다는 사실을 자각함으로써 진정한 마음의 평화가 온다는 것이 불교의 종교관이다.

용수 역시 《중론》 제9 〈관본주품〉을 통해 지각기관들을 소유한 자아, 괴로움과 즐거움을 느끼는 자아가 있다는 생각을 비판하는 것이다. 용수는 이어서 다음과 같이 말한다.

만일 눈이나 귀 등을 떠나
주인공이 존재한다면,
주인공을 떠나서
눈이나 귀 등도 존재하리라.
若離眼耳等 而有本住者 亦應離本住 而有眼耳等.

― MK. 9-4

  불은 뜨거움을 그 성질로 삼고, 물은 축축함을 그 성질로 삼고, 바람은 움직임을 그 성질로 삼는다. 뜨겁지 않으면 참된 불이 아니고 축축하지 않으면 참된 물이 아니며, 움직이지 않으면 참된 바람이 아니다. 이와 마찬가지로 눈은 보는 작용을 그 성질로 삼고 귀는 듣는 작용을 그 성질로 삼고, 코는 냄새 맡는 작용을 그 성질로 삼는다. 보는 작용이 없으면 참된 눈이 아니고, 듣는 작용이 없으면 참된 귀가 아니며, 냄새 맡는 작용이 없으면 참된 코가 아니다. 싸늘하게 식은 시체의 눈·귀·코는 단백질 덩어리일 뿐 진정한 눈·귀·코가 아니다.
  그런데 만일 눈이나 귀가 없어도 눈이나 귀를 소유했던 주인공이 존재한다면, 주인공이 없어도 보는 작용을 갖는 눈, 듣는 작용을 갖는 귀 등이 존재해야 할 것이다. 예를 들면 '내가 지갑을 갖고 있다'고 할 때, 지갑이 없어도 내가 존재하고, 내가 없어도 지갑이 존재할 수 있는 것과 같이……. 그러나 눈이나 귀의 경우는 그럴 수가 없다. 그 주인이 없으면 눈이나 귀는 그 기능을 상실하고, 그 기능을 상실한 눈이나 귀는 더 이상 눈이나 귀가 아니다. 눈이나 귀는 지갑과 같은 나의 소유물과는 다르다. 또 이와 반대로 눈이나 귀 등을 떠나서 내가 외따로 존재하는 것도 아니다. 눈도 없고, 귀도 없고,…… 그 어떤 느낌도 없을 때, 나의 존재는 무의미하다.

여기서 '눈'이나 '귀' '코' 등 그리고 '괴로움'이나 '즐거움' 등의 느낌은 법(法)들이다. 나의 모든 것을 이루고 있는 구성요소들이다. 이런 구성요소들이 없으면 나라는 사람은 존재할 수 없으며, 나라는 사람이 없으면 이런 구성요소들도 존재할 수 없다.

용수는 이를 다시 다음과 같이 노래한다.

> 법이 있음으로 인해 사람이 있음을 알고,
> 사람이 있음으로 인해 법이 있음을 안다.
> 법을 떠나서 어찌 사람이 있겠으며,
> 사람을 떠나서 어찌 법이 있겠는가?
> 以法知有人 以人知有法 離法何有人 離人何有法.
> ― MK. 9-5

이상의 9-3, 9-4, 9-5 게송들은 'A가 없으면 B가 없고, B가 없으면 A가 없다'[24]는 '연기공식(緣起公式)'의 A와 B에 '주인공인 자아'와 '주인공인 자아에 소속된 법들'을 대입한 후 문장에 약간의

---

24) 초기불전의 연기공식은 'A가 있으면 B가 있고, A가 없으면 B가 없다'는 형식으로 되어 있는데, 《중론》의 연기공식은 'A가 있으면 B가 있고, B가 있으면 A가 있으며, A가 없으면 B가 없고 B가 없으면 A가 없다'는 형식으로 되어 있다. 즉 초

변형을 가하여 작성된 것들이다.

이어서 용수는 보는 자, 듣는 자, 괴로움이나 즐거움을 느끼는 자 등이 서로 같은 자일 수도 없고[不一], 서로 다른 자일 수도 없다[不異]는 점을 논증한다. 먼저 서로 같은 자일 수 없다는 데 대한 설명을 보자.

> 보는 자가 듣는 자이고
> 듣는 자가 느끼는 자라면
> 그런 지각기관들은
> 그 이면에 단일한 주인공을 가지리라.
> 그러나 그럴 수는 없다.
> 見者卽聞者 聞者卽受者 如是等諸根 則應有本住.
>
> — MK. 9-8

우리가 눈이나 귀를 통해 사물을 보고 소리를 듣는 것은, 방안에 있는 사람이 창문을 통해 바깥을 보는 것과 전혀 다르다. 방안에 있는 사람의 경우 방과 창문과 사람의 세 가지는 서로 분리되어 있다. 따라서 동일한 사람이 이 창문과 저 창문을 모두 사용할 수 있

기불전의 경우는 'A→B'와 같이 일방향으로 연기가 표현되지만, 《중론》에서는 'A↔B'와 같이 쌍방향으로 연기가 표현된다. 초기불전의 경우는 불가역적(不可逆的)으로 생로병사하는 유정류(有情類)의 삶을 소재로 삼았기에 일방향의 연기공식이 사용된 것이고, 《중론》의 경우는 '눈과 그 대상'이나 '긴 것과 짧은 것' 같이 가역적으로 의존하는 사태들을 소재로 삼았기에 쌍방향의 연기공식이 사용된 것이라고 볼 수 있다.

다. 그러나 우리가 눈으로 무엇을 본다고 할 때에는, '보는 주체'와 '보는 작용인 눈'과 '보이는 대상'이 분리되어 있지 않다. 따라서 우리가 눈을 통해 무엇을 본다거나, 귀로 어떤 소리를 듣는다고 할 때, 방안에서 창문을 통해 바깥을 보는 사람의 모습에 빗대어 생각해서는 안 된다. 위의 게송을 올바로 이해하기 위해서는 먼저 이 점을 염두에 두어야 한다.

만일 눈이나 귀 등과 같은 감각기관들의 배후에 모든 감각을 수용하는 단일한 주인공이 존재한다면, 눈으로 보는 자와 귀로 듣는 자 등이 모두 동일해야 할 것이다. 그러나 눈으로 보는 것과 귀로 듣는 것은 서로 다른 작용이며, 단일한 것은 다양한 것과 만나지 못한다. 하나의 주인공이 눈으로 보기도 하고, 귀로 듣기도 하는 등 다양한 작용과 접한다면, 그런 주인공은 다양한 측면을 갖고 있다는 말이 되는데, 그렇다면 단일하다고 볼 수가 없다. 그와 반대로 만일 단일한 주인공이 보기도 하고 듣기도 하는 것이라면, 눈으로 무엇을 보고 있을 때 그 눈으로 동시에 소리도 듣고, 냄새도 맡을 수 있어야 할 것이다. 그러나 그런 일은 있을 수 없다. 따라서 단일한 주인공이 다양한 지각기관과 만나기 위해 다양해질 수도 없고, 다양한 지각기관이 단일한 주인공과 만나기 위해 단일해질 수도 없다.

그렇다고 해서 보는 자와 듣는 자 등이 서로 다르다고 볼 수도 없다. 용수는 이들이 서로 다르다고 볼 때 발생하는 논리적 오류를 다음과 같이 지적한다.

보는 자와 듣는 자가 다르고
느끼는 자도 역시 다르다면
무엇을 보는 때에 다른 것을 들을 수도 있어야 하기에
주인공이 여럿인 꼴이 되리라.
若見聞各異 受者亦各異 見時亦應聞 如是則神多.

— MK. 9-9

만일 보는 자와 듣는 자 등이 서로 다르다면, 눈·귀·코 등과 같은 여섯 가지 지각기관들이 동시에 형상·소리·냄새 등과 같은 여섯 가지 지각대상을 제각각 파악할 수 있어야 하겠지만, 그럴 수는 없다. 한 찰나에는 한 가지 지각기관만 작용할 수 있다. 앞에서 소개한 바 있지만, 찰나란 현대의 시간 단위로 환산하면 1/75초가 된다. 우리가 눈으로 무엇을 보면서 동시에 귀로 소리를 듣는다고 생각하는 것은 착각이다. 우리의 주의력이 순식간에 시각대상과 청각대상 사이를 진동하기 때문에 한 순간에 동시에 보고 듣는다고 착각하는 것이다. 음악에 심취할 때 지그시 눈을 감든지, 혹 눈을 뜨고 있더라도 보이는 것에는 전혀 주의를 기울이지 않는 데서 알 수 있듯이……. 그런데 보는 자와 듣는 자 등이 서로 다르다고 볼 경우 무엇을 볼 때 동시에 무엇을 듣기도 해야 하므로 보는 자, 듣는 자 등등 그 주인공이 여럿이 되어야 하는 오류가 발행하고 만다.

'주인공'의 실재성을 비판한 용수는 논의를 마무리하면서 '이것이 없으면 저것이 없다'는 '연기공식'에 의거하여 '주인공에 소속된 것'들 역시 실재하지 않음을 다음과 같이 노래한다.

> 눈과 귀 등
> 그리고 괴로움이나 즐거움 등의 느낌이
> 소속된 주인공이 존재하지 않는다면,
> 눈·귀 등도 존재하지 않으리라.
> 若眼耳等根 苦樂等諸法 無有本住者 眼等亦應無.
>
> — MK. 9-11

지금까지 분석해 보았듯이 '나'라는 주인공이 별도로 존재해서 '눈'을 이용해 무엇을 보고, '귀'를 이용해 무엇을 들으며, '코'를 이용해 냄새를 맡으며, '괴로움'이나 '즐거움'을 느낀다고 간주하는 사고방식이나, '눈·귀·코·괴로움·즐거움' 등은 그것의 주인인 나에게 소속된 것들이라고 간주하는 사고방식 모두 우리의 생각이 제멋대로 재단해 낸 분별의 축조물일 뿐이다.

8. 불과 연료에 대한 분석

　이 세상에는 '원래 긴 것'도 없고 '원래 짧은 것'도 없으며, 예쁜 사람도 원래 없고 미운 사람도 원래 없으며, 잘난 사람도 원래 없고 못난 사람도 원래 없다. 아무리 긴 막대도 보다 더 긴 막대와 비교하면 짧아지고, 아무리 예뻐 보이는 사람도 보다 더 예쁜 사람과 비교하면 미워지며, 아무리 잘난 사람도 보다 더 잘난 사람과 비교하면 못나진다. 이것이 바로 연기(緣起)와 공(空)의 이치이다. '어떤 막대가 길다는 생각이 짧은 막대와 비교함으로써 이루어진다'는 것은 연기의 이치이고, '따라서 그 막대에 고정된 길이가 없다'는 것은 공(空)의 조망이다. 모든 것은 연기하기 때문에 공하다. 이와 같이 '김과 짧음' '예쁨과 미움' '잘남과 못남' 등과 같이 상대적인 것들이 원래 실체가 없다는 점은 누구에게나 쉽게 이해될 수 있을 것이다.
　그러나 앞에서 분석해 보았듯이 연기와 공의 가르침은 여기서 더 나아가 '눈'과 '시각대상'은 물론이고 '발생'이나 '주인공'과 같은 개념까지 해체시킨다.

그리고 《중론》 제10 〈관연가연품(觀燃可燃品: 불과 연료에 대한 분석)〉에서는 '불'과 '연료'에 실체가 없음을 가르칠 뿐만 아니라, 연기와 공을 가르치기 위해 사용했던 'A에 의존하여 B가 있다'는 '관계판단'에서도 논리적 오류를 지적한다.

이 세상에 원래 '긴 것'이 없고, 원래 '눈[眼]'이 없고, 원래 '발생'이 없었듯이 이 세상에 원래 '불'은 존재하지 않는다. 다시 말해 '불'은 외따로 존재하지 않는다. 마치 긴 것이 짧은 것과 비교함으로써 존재하게 되고, 눈이라는 개념이 시각대상이라는 개념과 함께 발생하듯이, 불은 반드시 연료를 수반해야 존재할 수 있다. 이 세상 그 어디를 뒤져 보아도 '불'만 존재하는 경우는 찾을 수 없다.

캠프파이어를 위하여 쌓아 놓은 장작에 불을 붙이기 위해 성냥을 그어 불을 만들어도, 그때 만들어진 불에는 불만 있는 것이 아니다. 성냥개비라는 연료가 수반되어 있다. 라이터를 이용해 불을 붙이더라도 그때 만들어진 불에는 불만 있는 것이 아니다. '가스'라는 연료가 수반되어 있다. '너울거리는 불길'의 모습은 '붉게 달구어진 탄소 알갱이의 움직임'일 뿐이다. 이때 탄소 알갱이는 연료라고 부를 수 있고 붉게 달구어져 너울거리는 것은 불이라고 부를 수 있는데 양자(兩者)는 분리되지 않는다. 원자기호 C인 탄소 알갱이가 더 달구어지면 산소(O_2)와 결합하여 이산화탄소(CO_2)나 일산화탄소(CO)가 되어 투명하게 된다. 붉게 달구어진 탄소가 무색의 산화탄소로 변하는 경계부가 불꽃의 윤곽이 된다.

아무리 세밀하게 분석해 보아도 연료 없는 불은 존재할 수 없다. 'A가 없으면 B가 없다'는 연기공식에 대입하여 이를 표현하면, '연료가 없으면 불이 없다'고 기술된다.

그럼 이와 반대로 불이 없는 연료는 존재할까? 헛간에 쌓여 있는 장작더미는 불 없는 연료 아닌가? 아직 불은 붙지 않았지만, 그것들은 엄연한 연료 아닌가? 그렇지 않다. 헛간에 아무리 장작이 많이 쌓여 있어도, 불이 붙기 전에는 연료라고 규정할 수 없다.

집을 짓다가 서까래가 모자랄 때, 그 장작을 이용하면 장작은 연료가 아니라 '집 짓는 재료'이었어야 한다. 장작은 낮잠을 잘 때 베개로 이용할 수도 있고 싸움이 일어나면 몽둥이로 사용할 수도 있다. 앞의 '2. 연기에 대한 분석'에서 항아리 공장에 쌓인 진흙에 대해 '항아리의 재료'라고 규정할 수 없다고 말한 바 있다. 그 진흙으로 기와를 만들 수도 있고 벽돌을 만들 수도 있기 때문이다.

이와 마찬가지로 헛간에 쌓인 장작도 '연료'라고 규정할 수 없다. 장작에 불이 붙어야 비로소 그 장작은 연료가 되는 것이다. 불이 붙지 않은 상태에서는 연료라거나 장작이라는 이름을 붙이지 못한다. 이런 상황을 연기공식에 대입하면, '불이 없으면 연료가 없다'고 기술된다. '연료가 없으면 불이 없고, 불이 없으면 연료가 없다.' 마치 긴 것이 없으면 짧은 것이 있을 수 없고, 눈이 없으면 시각대상이 있을 수 없듯이……. 이것이 연기의 원리이다. 불과 연료는 연기 관계에 있다. 연료와 무관하게 불이 존재하는 것이 아니다.

불과 연료가 이렇게 전혀 별개의 것이라고 볼 수도 없지만, 그렇다고 해서 불과 연료가 같다고 할 수도 없다. 불과 연료가 완전히 동일한 것이라면, 불과 연료의 구별이 생기지도 않았을 것이다.

이런 조망을 용수는 다음과 같이 노래한다.

> 만일 연료가 그대로 불이라면
> 행위자와 행위가 동일하다는 말이 된다.
> 만일 불이 연료와 다르다면
> 불은 연료 없이도 존재하리라.
> 若燃是可燃 作作者則一 若燃異可燃 離可燃有燃.
>
> — MK. 10-1

'춤추는 사람' 그대로가 '춤' 일 수 없고, '걸어가는 사람' 이 그대로 '걸어감' 일 수 없듯이, 행위자가 그대로 어떤 행위일 수는 없다. 이와 마찬가지로 연료가 그대로 불일 수 없다. 여기서 연료는 행위자에 대비되고, 불은 행위에 대비된다. 행위자는 '하는 자' 이고 행위는 '함' 이 듯이, 연료는 '타는 것', 불은 '탐' 이기 때문이다. '타는 것' 이 그대로 '탐' 일 수는 없다. 또 그와 반대로 불과 연료가 다른 것일 수도 없다. 앞에서 보았듯이 연료 없이 홀로 존재하는 '불', 또 불 없이 홀로 존재하는 '연료'는 있을 수 없기 때문이다.

이렇게 '연료 없이 존재하는 불이 없고 불 없이 존재하는 연료는 없다'는 것이 불과 연료의 연기 관계에 대한 조망이다. 그런데 이런 연기 관계를 긍정적으로 표현할 때 문제가 발생한다. 《중론》

의 대론자는 연료와 불의 연기 관계를 다음과 같이 긍정적으로 표현한다.

> 불과 연료는 서로 의존하여 존재한다.
> 연료에 의존하여 불이 있고
> 불에 의존하여 연료가 있는 것이다.
> 燃可燃相待而有 因可燃有燃 因燃有可燃.
>
> — 청목의 주석

불과 연료는 홀로 존재하는 것이 아니라는 것을 가르치기 위해 위와 같이 표현할 수는 있다. 또 비단 불과 연료뿐만 아니라, 긴 것과 짧은 것, 눈과 시각대상 등 다른 모든 개념쌍들에 대해서도 그 연기 관계를 나타내기 위해 흔히 위와 같은 방식으로 표현한다. '긴 것에 의존하여 짧은 것이 존재하고, 짧은 것에 의존하여 긴 것이 존재한다.' '눈에 의존하여 시각대상이 존재하고, 시각대상에 의존하여 눈이 존재한다.' '긴 것에 실체가 있다' 든지, '눈이 독립적으로 실재한다' 는 착각을 시정해 주고자 할 경우 이런 표현들은 쓸모가 있다. 그러나 엄밀히 분석하면 그 표현 자체에 논리적 오류가 있음을 알게 된다.

연기 관계를 나타내기 위해 'A에 의존하여 B가 존재한다' 고 말할 경우 악순환의 오류가 발생하는 것이다. '긴 것은 짧은 것에 의존하여 존재한다' 고 하지만, 이 말이 진실이기 위해서는 의존의 대상이 되는 '짧은 것' 은 실재해야 한다. 그러나 '짧은 것' 이 존재하기 위해서는 그 이전에 '긴 것'과의 대비가 요구된다. 악순환이다. 긴 것을 규정하기 위해 다시 긴 것이 필요하기 때문이다. '눈에 의존하여 시각대상이 존재한다'고 할 때도 이는 마찬가지다. 의존의 대상이 되는 '보는 힘을 가진 눈'의 존재가 확인되기 위해서는 다시 시각대상이 존재해야 하기 때문이다. 불과 연료의 의존 관계도 이와 똑같은 방식으로 비판되는데, 용수는 '불은 연료에 의존하여 존재한다'는 판단이 범하는 악순환의 오류를 다음과 같이 지적한다.

> 만일 불이 연료에 의존하여 존재하고
> 연료가 불에 의존하여 존재한다면,
> 그 두 가지 중 어느 것이 미리 성립되어 있어서
> 불이나 연료를 존재하게 하겠느냐?
> 若因可燃燃 因燃有可燃 先定有何法 而有燃可燃.
>
> — MK. 10-8

'불은 홀로 존재하는 것이 아니라 연료에 의존하여 존재한다'는 명제가 진실이기 위해서는 의존하기 이전에 의존의 대상이 되는 '연료'는 확고하게 성립되어 있었어야 한다. 그러나 앞에서 고찰해 보았듯이 '연료'가 진정한 '연료'이기 위해서는 불이 붙어 있어야 한다. 불의 근거를 연료에서 찾고자 하는데 그 연료는 다시 불에 근거를 두고 있다. 닭의 근거를 달걀에서 찾았는데 그 달걀이 다시 닭에 근거를 두고 있는 것과 같은 악순환이 발생한다. 따라서 '미리 존재하는 연료에 불이 의존한다'고 말할 수가 없다.

또 '연료는 홀로 존재하는 것이 아니라 불에 의존하여 존재한다'고 말하려면 의존의 대상이 되는 '불'이 미리 확고하게 성립되어 있어야 한다. 그러나 앞에서 보았듯이 '불'이 존재하기 위해서는 반드시 연료가 수반되어 있어야 한다. 무엇을 연료라고 규정하기 위해서는 그것에 불이 붙어야 하는 법이기에, '연료는 불에 의존하여 존재한다'고 하였는데, 그런 불 역시 그 존재를 위해 다시 연료를 필요로 한다. 악순환이 발생한다. 그렇다고 해서 '불과 연료가 서로 의존하여 존재한다'고 할 때 불과 연료의 양자 모두 아직 성립되지 않은 상태에서 서로 의존하는 것이라고 볼 수도 없다. 불과 연료라는 주체가 없으면, 불과 연료 양자는 '의존'이라는 관계도 맺을 수 없기 때문이다. 이렇게 해석할 수도 없고 저렇게 해석할 수도 없는 딜레마에 빠진다.

이어서 용수는 '불이 연료에 의존한다'는 판단이 마주치는 이러한 딜레마를 다음과 같이 정리한다.

> 만일 불이 연료에 의존하여 존재한다면
> 성립된 불이 다시 성립하는 꼴이 된다.
> 또 이와 같다면
> 불 없는 연료 역시 존재하리라.
> 若因可燃燃 則燃成復成 是謂可燃中 則謂無有燃.
>
> — MK. 10-9

딜레마의 한 축은 '의미 중복의 오류'가 발생한다는 점이다. 불이 연료에 의존하여 존재하기 위해서는 '의존함' 이전에 연료가 이미 확고하게 존재하고 있어야 한다. 또 이렇게 연료가 확고하게 존재하기 위해서는 그 연료에 불이 붙어 있었어야 한다. 따라서 '연료에 의존하여 불이 존재한다'는 말은 '불 붙은 연료에 의존하여 불이 성립한다'는 의미가 된다. '연료'라는 말을 하는 순간 이미 불이 성립되어 있어야 하는데, 그것에 의존하여 불이 성립한다고 말하기에 '성립된 불이 다시 성립하는 꼴'이 되고 마는 것이다. 의미 중복의 오류가 발생하는 것이다.

딜레마의 다른 한 축은 '사실에 위배되는 오류'인데, 위에서 설명한 의미 중복의 오류에서 벗어나기 위해 "불이 '불 없는 연료'에 의존하여 존재한다."고 할 경우에 발생하는 논리적 오류이다. '불 없는 연료'는 이 세상 그 어디에도 없기 때문이다. 위 게송에서 "이와 같다면 불 없는 연료 역시 존재하리라."는 문장은 이를 지적한 것이다.

앞에서 '비가 내린다'는 판단이 두 가지 논리적 오류를 범하고 있다고 지적한 바 있다. 첫째 '내림을 갖는 비가 내린다'고 해석할 경우 의미 중복의 오류가 발생하고, 둘째 '내림을 갖지 않는 비가 내린다'고 할 경우 사실에 위배되는 오류가 발생한다. 이와 마찬가지로 '불이 연료에 의존하여 존재한다'고 말할 때, 이를 '불이 불을 갖는 연료에 의존하여 존재한다'고 해석할 경우에는 '성립된 불이 다시 성립한다'는 의미 중복의 오류가 발생하고, '불이 불을 갖지 않는 연료에 의존하여 존재한다'고 해석할 경우에는 '불 없는 연료가 존재한다'는 말이 되어 사실에 위배되는 오류가 발생한다. 이렇게 '비가 내린다'는 판단이 범하는 논리적 오류와 '불이 연료에 의존하여 존재한다'는 판단이 범하는 논리적 오류는 그 구조가 동일하다.

앞에서 누차 강조한 바 있듯이, 중관논리에 숙달되기 위해서는 외견상 서로 달라 보이는 판단에서 이렇게 동일한 구조의 논리적 오류를 추출해 내는 사고훈련을 되풀이해야 한다.

'비가 내린다'는 판단과 '불이 연료에 의존하여 존재한다'는 판단이 범하는 논리적 오류를 대비시키면 다음과 같다.

* 제1구 비판:
  - '내림을 갖는 비가 내린다' 면 두 번의 내림이 있게 된다(중복).
  - '불이 불을 갖는 연료에 의존하여 존재한다' 면 성립된 불이 다시 성립되는 꼴이 된다(중복).
* 제2구 비판:
  - '내림을 갖지 않는 비가 어딘가에 있어서 내린다' 면 사실에 위배된다.
  - '불이 불을 갖지 않는 연료에 의존하여 존재한다'고 할 경우 '불을 갖지 않는 연료'는 그 어디에도 없기에 사실에 위배된다.

9. 삶과 죽음의 선후 관계에 대한 분석

　우리는 지금 살아 있다. 그리고 나이가 들면 언젠가 반드시 죽을 것이다. 지금으로부터 150년 전 이 지구상에 살았던 사람은 지금 단 한 사람도 존재하지 않으며, 앞으로 150년이 지난 후에는 지금 살고 있는 사람들 중 단 한 사람도 살아 있지 않을 것이다.
　우리가 종교에 귀의하게 되는 근본 동기는 '죽음의 문제를 해결하기 위해서'일 것이다. 내가 기억하는 한, 단 한 번도 경험해 보지 않았던 나의 죽음이 앞으로 언젠가 반드시 나에게 닥치게 될 것이다. 나는 독감을 심하게 앓은 적도 있고, 심하게 다친 적이 있기에 독감에 걸리거나 다치게 될 것을 두려워한다. 그래서 예방주사를 맞기도 하고 매사에 조심하며 살아간다.
　그러나 이런 두려움은 죽음에 대한 두려움에 비하면 아주 사소한 두려움이다. 독감에 걸릴 경우, 얼마간 요양하면 나을 수가 있다. 몸을 다친다고 해도 적절하게 치료하면 상처가 회복된다. 아프거나 다치는 것은 이렇게 반복 가능한 경험이다. 그러나 나의 죽음은 반복할 수 없는 경험이다.[25] 한 번 죽으면 다시는 죽음을 체험할 수 없다. 우리가 아는 한도 내에선 그렇다. 그렇기 때문에 죽음에 대한 공포는 다른 그 어떤 것에 대한 공포보다 극심할 수 있다.

그러나 불교에서는 죽음 후의 무(無)에 대한 공포는 허구라고 가르친다. 왜냐하면 우리의 삶이 시작하기 이전의 무와 우리의 삶이 끝난 다음의 무, 다시 말해 우리의 삶을 테두리 짓는 무를 우리는 과거에 단 한 번도 체험한 적이 없고, 미래에 단 한 번도 체험할 수 없기 때문이다. 그런데도 우리는 그런 무를 마치 체험할 수 있는 실재인 양 가정하고, 그런 허구의 무에 의거하여 지금의 삶을 유(有)라고 생각한 후 지금의 유가 사라지는 죽음 후의 무를 두려워하는 것이다.

또 죽음 후의 무가 체험될 수 없는 허구이기에, 우리가 지금 이 순간을 존재라든지 유라고 규정하는 것 역시 허구다. 죽음이 있다고 착각하기 때문에 지금 이 순간 내가 살아 있다고 생각하는 것이다. 엄밀히 말해 '지금 이 순간 우리는 살아 있는 것도 아니다.' 우리나라의 불교인들이 애송하는 경전인《금강경》에서도 '나라는 생각[我想]'[26]과 '내가 살아 있다는 생각[衆生想]'이 모두 잘못된 것이라고 가르친다. 지금 내가 이 순간 살아 있다고 착각하기 때문에 죽음이 있다는 착각이 발생한다. '죽음이 있기에 삶이 있고, 삶

---

25) 윤회를 전제하더라도, 우리는 전생을 기억할 수 없기에 현생에 우리가 마주칠 죽음은 반복 불가능한 경험이다.
26) 구마라습은《금강경》에서 samjñā(想)을 상(相)으로 번역한다.

이 있기에 죽음이 있다.' 마치 긴 것이 있기에 짧은 것이 있고 짧은 것이 있기에 긴 것이 있듯이 삶과 죽음은 연기 관계에 있는 개념일 뿐 실재하는 것이 아니다.

이상에서 논의한 바와 같이 '죽음이 있기에 삶이 있고, 삶이 있기에 죽음이 있다'는 말이 '삶과 죽음이 실재하는 것이 아니라, 서로 연기 관계에 있는 개념들일 뿐'이란 점을 알려 준다는 점에서 가치가 있는 말인 것은 분명하지만, 중관논리의 조명을 받을 경우 모순이 드러난다.

《중론》제11〈관본제품(觀本際品: 궁극적 토대에 대한 분석)〉에서는 삶과 죽음의 연기 관계를 표현하는 위와 같은 명제가 범하는 오류를 먼저 다음과 같이 지적한다.

> 만일 생(生)이 앞선 것이고,
> 노사(老死)가 나중의 것이라면
> 노사 없는 생이 되리라.
> 또 죽지도 않은 것이 생하리라.
> 若使先有生 後有老死者 不老死有生 不生有老死.
>
> — MK. 11-3

이 게송에서 말하는 '생(生)'은 '삶'에 해당하고 '노사(老死: 늙어 죽음)'는 '죽음'에 해당한다. '생이 앞선 것이고, 노사가 나중의 것'이란 말은 '죽음이 있기에 삶이 있고, 삶이 있기에 죽음이 있다'는 연기적 표현 가운데 후반부인 '삶이 있기에 죽음이 있다'는 문장과 그 의미가 같다. 이 문장에서는 '삶[생]'을 근거로 삼아, '죽음[노사]'을 규정하고 있다. 삶이 '근본'이고 죽음을 '부수적인 것'으로 본다. '삶'은 논리적으로 앞선 것이고, '죽음'은 논리적으로 나중의 것이다. 삶은 시간적으로 앞선 것이고, 죽음은 시간적으로 나중의 것이다. 논리적으로 앞선다는 말은 인식의 차원에서 선행한다는 의미이고, 시간적으로 앞선다는 말은 존재의 차원에서 선행한다는 의미이다. 인식의 차원에서 선행한다는 말은 먼저 인식된다는 의미이고, 존재의 차원에서 선행한다는 말은 먼저 존재한다는 의미이다. 그러나 이런 두 가지 경우가 모두 오류를 범한다.

첫째, 인식의 차원에서 '삶이 죽음보다 앞선 것'이라면 죽음을 염두에 두지 않아도 '삶'이란 개념이 확고하게 존재한다는 말이 되는데, 그럴 수는 없다. 앞에서 고찰해 보았듯이 '삶'이란 개념은 '죽음'이란 개념에 토대를 두고 있기 때문이다. 위 게송에 사용된 용어를 빌어 표현하면 '노사 없는 생'은 있을 수 없기 때문이다.

둘째, 존재의 차원에서 '삶이 죽음보다 앞선 것'이라면 전생에 죽어본 적도 없는 생명체가 탄생하는 일이 있다는 말이 되는데, 이는 윤회설에 위배된다. 불교의 윤회설에서는 인간을 포함한 모든 생명체[27]는 죽음과 탄생을 무수히 되풀이한다고 가르친다. 전생 없이 새롭게 탄생하는 생명체는 단 하나도 없다. '삶'에 근거하여

---

27) 불교에서는 생명체를 천신·아수라·인간·동물·아귀·지옥 중생의 여섯 가지로 분류한다. 이를 육도(六道), 또는 육취(六趣)라고 부르며, 식물은 생명체의 범위에 포함되지 않는다.

'죽음'이 존재하는 것이라고 말하기 위해서는 그런 '삶'은 '죽음'과 무관하게 원래 존재하는 것이어야 한다. 즉 죽어 본 적도 없는 누군가가 탄생해서 살아가는 일이 있어야 할 것이다. 위 게송에서 말하듯이 '죽지도 않은 것이 생하는 일이 있어야 할 것이다.' 그러나 윤회설에 비추어 볼 때 그런 일은 없다.

'삶이 있기에 죽음이 있다'는 판단이 오류를 범하듯이 '죽음이 있기에 삶이 있다'는 판단 역시 오류를 범하며 이 역시 '인식'과 '존재'의 두 가지 차원에서 조망이 가능하다. 용수는 다음과 같이 말한다.

> 만일 생이 나중의 것이고
> 노사가 앞선 것이라면
> 원인을 부정하는 말이다.
> 어떻게 생하지도 않은 것의 노사가 있겠는가?
> 若先有老死 而後有生者 是則爲無因 不生有老死.
> — MK. 11-4

우리가 '살아 있다'고 말하거나 생각을 떠올리려면, 알든 모르든 '죽음'을 염두에 두어야 한다. '죽음이 있다'는 전제 위에서 지금 내가 살아 있다고 착각하는 것이다. 다시 말해 '죽음이 있기에 삶이 있다.' 그런데 이런 말이나 생각이 진리이기 위해서는 '삶'의 근거가 되는 '죽음'은 삶과 무관하게 실재해야 한다. 그러나 그럴 수는 없다. 삶이 시간적으로 앞선 원인이고 죽음은 시간적으로 나중에 오는 결과이기 때문이다. 삶과 무관한 죽음이 원래 존재한다면, 그런 죽음은 원인 없는 죽음이다. 탄생[生]하지도 않았는데 늙어 죽음[老死]이 있다면, 그런 늙어 죽음은 원인 없이 일어나는 늙어 죽음이다. 위 게송에서 말하듯이 '노사가 앞선 것이라면 원인을 부정하는 말이다.' 또 '노사가 있기에 생이 있다' 면 '탄생하지도 않았는데 늙어 죽는다'는 말이 되는데 그런 일은 있을 수 없다. 위 게송에서 말하듯이 '생하지도 않은 것의 노사는 있을 수 없다.'

이렇게 '삶과 죽음' 다시 말해 '생과 노사'는 어느 것이 먼저일 수도 없고 어느 것이 나중일 수도 없다. '삶이 있기에 죽음이 있다' 고 하건 '죽음이 있기에 삶이 있다' 고 하건 악순환의 오류를 범한다. '삶' 이란 생각은 죽음에 토대를 두고 있고, '죽음' 이란 생각은 삶에 토대를 두고 있기 때문이다. 마치 닭이 달걀에 토대를 두고 있고 달걀이 닭에 토대를 두고 있듯이……

그렇다고 해서 삶과 죽음이 동시에 성립하는 것이라고 볼 수도 없다.

> 노사와 생이
> 동시에 존재한다는 것도 옳지 않다.
> 생하는 순간 사망하게 되고,
> 양자가 원인 없는 존재가 되기 때문이다.
> 生及於老死 不得一時共 生時則有死 是二俱無因.
>
> — MK. 11-5

밝음과 어둠에 대비하면 '삶'은 밝음에 해당하고 '죽음'은 어둠에 해당한다. 밝음이 있는 곳에는 어둠이 있을 수 없고, 어둠이 있는 곳에는 밝음이 있을 수 없듯이 삶과 죽음은 동시에 존재할 수 없다. 삶과 죽음이 동시에 존재한다면 탄생하는 순간이 그대로 죽는 순간이어야 할 것이다. 위 게송에서 말하듯이 생하는 순간 사망하게 될 것이다.

또 삶과 죽음이 동시에 존재한다는 말은 삶과 죽음이 서로 의존하지 않고 마치 소의 두 뿔과 같이 독립적으로 존재한다는 말이 되는데, 그럴 수는 없다. 삶이 없으면 죽음이 있을 수 없고, 죽음이 없으면 삶이라고 할 것도 없기 때문이다. 삶이 원인이 되어 우리는 결국 죽음이라는 결과와 만나게 되고, 죽음이 원인이 되어 우리는 지금 이 순간을 삶이라고 규정하게 된다. 삶은 죽음의 원인이고 죽음은 삶의 원인이다. 인식의 차원에서든 존재의 차원에서든 죽음이 있기 위해서는 삶이 선행해야 하고, 삶이 있기 위해서는 죽음이 선행해야 한다. 그러나 삶과 죽음이 동시적이라면, 삶과 죽음의 양자 모두 서로를 그에 선행하는 근거로 삼지 않고 독립적으로 존재한다는 말인데 그럴 수는 없다. 이 세상에 '원인 없는 존재'는 단 하나도 없기 때문이다.

지금까지 11-3, 11-4, 11-5 세 수의 게송에 걸쳐 삶과 죽음 가운데 어느 한 쪽이 앞설 수도 없고, 나중일 수도 없으며, 양자가 동시적일 수도 없음을 논증한 용수는 다음과 같이 노래하며 〈관본제품〉을 마무리한다.

비단 윤회의 경우에만

궁극적 토대가 존재하지 않는 것이 아니라,

다른 모든 존재의 경우도

그 궁극적 토대는 존재하지 않는다.

非但於生死 本際不可得 如是一切法 本際皆亦無.

— MK. 11-8

'삶'과 '죽음'이 무한히 되풀이되는 것을 윤회라고 부른다. 그런데 이런 윤회에서 삶이 주(主)가 되고 죽음이 종(從)이 된다고 말할 수 없다. 위 게송에서 말하는 '궁극적 토대'는 '주(主)가 되는 것'을 의미한다. 또 죽음이 주가 되고 삶이 종이 된다고 말할 수도 없으며, 양자 모두 주가 된다고 말할 수도 없다. '삶'과 '죽음'의 선행·후속·동시 관계가 모두 논리적 오류를 범하기 때문이다.[28]

그런데 선행과 후속과 동시라는 세 가지 관계를 적용할 수 없는 것은 '삶과 죽음'의 경우만이 아니다. '눈과 시각대상' '긴 것과 짧은 것' '원인과 결과' '가는 자와 가는 작용' '비와 내림' 등 연기적으로 발생한 다른 모든 개념쌍들 각각의 관계에 대해서도 그것이 이런 세 가지 관계 중 어느 하나에 해당한다고 규정할 수 없다. '긴 것'이 궁극적 토대가 되고 그에 의존하여 '짧은 것'이 존재한다고 볼 수도 없고, '짧은 것'이 궁극적 토대가 되고 그에 의

---

28) 이렇게 상관하는 두 개념쌍 간의 선행·후속·동시 관계를 비판하는 논법을 《방편심론》에서는 시동(時同)이라고 부르고, 《니야야 수뜨라》에서는 무인상사(無因相似, Ahetu-sama)라고 부른다.

존하여 '긴 것'이 존재한다고 볼 수도 없으며, '긴 것'과 '짧은 것'이 동시에 존재한다고 볼 수도 없다. 세 가지 경우 모두 논리적 오류를 범하기 때문이다.

'비가 존재하기에 내림이 있다'고 볼 수도 없고, '내림이 존재하기에 비가 있다'고 볼 수도 없으며, '비와 내림이 각각 별개로 공존한다'고 볼 수도 없다. 다시 말해 '비가 내린다'는 생각이 일어날 때, '비'가 이런 생각의 궁극적 토대일 수도 없고, '내림'이 궁극적 토대일 수도 없으며, '비'와 '내림' 모두가 궁극적 토대가 될 수도 없다.

그리고 연기한 개념쌍 간의 세 가지 관계에 대한 판단은 각각 제1구, 제2구, 제3구에 해당하며 이는 다음과 같이 정리된다.

· 제1구: '삶'이 궁극적 토대가 되어 '삶이 있기에 죽음이 있다'는 판단이 작성된다.
· 제2구: '죽음[삶이 아닌 것]'이 궁극적 토대가 되어 '삶이 있기에 죽음이 있다'는 판단이 작성된다.
· 제3구: '삶'과 '죽음'이 동시에 궁극적 토대가 되어 '삶이 있기에 죽음이 있다'는 판단이 작성된다.

10. 자아에 대한 분석

불교에서는 우리가 체험하는 '모든 것'들을 다양한 방식으로 분류한다. 십이처(十二處) 이론, 십팔계(十八界) 이론, 75법 이론 등이 그것이다. 그런데 불교 경전에 가장 많이 등장하는 분류방식으로 오온(五蘊) 이론이 있다.

오온은 '다섯 무더기'라는 뜻으로 ① 물질[色]과 ② 느낌[受]과 ③ 생각[想]과 ④ 조작[行]과 ⑤ 마음[識]이다. ① 색[물질]에는 외부대상도 포함되지만 우리의 몸도 포함된다. ② 수[느낌]는 괴로운 느낌, 즐거운 느낌, 덤덤한 느낌의 세 가지로 분류된다. ③ 상[생각]은 의미와 언어를 떠올리는 마음의 작용이다. ④ 행[조작]은 온갖 번뇌와 의지 그리고 감정들이다. ⑤ 식[마음]이란 우리의 눈·귀·코·혀·몸·생각하는 작용이라는 여섯 가지 지각기관 각각을 통해 파악된 지각내용을 가리킨다.

우리는 이 중 어느 한 가지를 '나'라고 생각하고 살아간다. 그러나 이 중 그 어떤 것도 내가 아니다. 그 어떤 것도 자아가 아니며 그 어디에도 자아는 없다. 그 어떤 것도 아뜨만이 아니며 그 어디에도 아뜨만은 없다.

《중론》 제18 〈관법품(觀法品)〉에서는 이렇게 '그 어떤 법도 자아가 아니며, 그 어디에도 자아는 존재하지 않는다' 는 사실을 다음과 같이 논증한다.

만일 자아가 오온이라면
자아는 생멸하는 것이리라.
만일 자아가 오온과 다르다면
자아는 오온의 모습이 아닐 것이다.
若我是五陰 我卽爲生滅 若我異五陰 則非五陰相.

— MK. 18-1

존재하는 모든 것은 오온일 뿐이다. 따라서 자아가 존재한다면 오온 중 어느 하나여야 할 텐데, '색·수·상·행·식'의 오온은 모두 찰나찰나 생멸한다. 그렇다면 자아 역시 생멸하는 것이어야 할 것이다. 10년 전, 1년 전, 한 달 전, 하루 전, 한 찰나 전의 자아와 지금의 자아가 동일해야 그것을 진정한 자아라고 말할 수 있다. 그러나 10년 전, 1년 전, 한 달 전, 하루 전, 한 찰나 전의 오온 중 지금의 오온과 동일한 것은 아무 것도 없다. 따라서 자아는 오온과 같을 수가 없다[不一].

그렇다고 해서 오온과 다른 자아가 별도로 존재한다고 볼 수도 없다. 왜냐하면 존재하는 모든 것은 오온일 뿐이기 때문이다. 오온 이외에는 그 무엇도 있을 수 없다. 따라서 자아가 오온과 다르다고 볼 수도 없다[不異].

이렇게 내가 존재하지 않기 때문에 '나의 것'도 있을 수가 없다. '나의 것'이란 나의 소유물을 의미한다. 이렇게 자아가 없다는 점, 즉 무아의 진리를 철저히 깨달은 사람에게는 나의 소유물에 대한 집착도 사라진다. 용수는 이를 다음과 같이 설명한다.

> 내가 존재하지 않는다면,
> '나에게 속한 것'이 어떻게 존재하겠는가?
> '나'와 '나의 것'이 사라졌기 때문에
> 무아의 지혜를 얻은 자라고 부른다.
> 若無有我者 何得有我所 滅我我所故 名得無我智.
>
> — MK. 18-2

나는 모든 욕심과 분노의 구심점이다. 좋은 것을 나를 향해 끌어당기는 마음이 욕심이고, 싫은 것을 나에게서 밀어내는 마음이 분노심이다. 욕심과 분노는 그 힘의 방향이 반대다. 불교 전문용어로 욕심을 '탐(貪)', 분노를 '진(瞋)'이라고 부른다. 그리고 이런 '탐'과 '진'의 마음은 모두 '내가 존재한다'는 어리석음 때문에 일어나며 이런 어리석음을 '치(痴)'라고 부른다. 이런 세 가지 마음, 즉 탐·진·치가 바로 '독과 같이 우리를 해치는 세 가지 마음(三毒心)'이며 이를 제거하는 것이 불교 수행의 최종 목표가 된다.

겉으로 분노심과 욕심을 억누를 수는 있지만, '내가 존재한다'

는 어리석음을 제거하지 않는 이상 우리 마음속에서 분노심과 욕심은 다시 발생한다. 따라서 삼독심 가운데 가장 뿌리가 깊은 것은 '내가 존재한다'는 어리석음이다.

수행을 통해 내가 존재한다는 착각을 씻어낼 경우 '자기가 잘났다'고 생각하며 남을 업신여기는 교만한 마음과 자기만을 위하려고 하는 이기적인 마음이 모두 사라진다. 그리고 이렇게 '내가 존재하지 않는다'는 점을 깨닫기 위해서는 고요히 앉아 '나라고 생각할 만한 것', 다시 말해 '색·수·상·행·식의 오온' 하나하나를 점검해 보는 수행을 해야 한다.

'육체[色]는 무상하다. 그러므로 육체는 진정한 내가 아니다. 모든 느낌[受]은 다 무상하다. 그러므로 느낌은 영원한 나일 수 없다. 생각[想]은 무상하다. …… 의지는 무상하다. …… 마음[識]은 무상하다. 그러므로 마음 역시 내가 아니다.'

나라고 할 수 있는 모든 것은 색·수·상·행·식의 오온뿐인데 이 가운데 불변의 것은 단 하나도 없다. 따라서 십 년 전의 나와 동일한 나, 오 년 전의 나와 동일한 나, 어제의 나와 동일한 나는 그 어디에도 없다.

또 지금 내가 소중하게 아끼며 나라고 생각하는 것도 내일이면 달라진다. 일 년 후면 달라진다. 십 년 후면 달라진다. 과거에 나라고 생각했던 것 가운데 그 어떤 것도 현재 남아 있지 않고, 현재 나라고 생각하는 것도 미래에는 남아 있지 않을 것이다. 이를 철저히 깨달을 때 지금 남보다 잘난 그 무엇을 갖고 남을 업신여기지 않고, 지금 갖고 싶은 그 무엇에 대해 욕심을 내지 않게 된다. 위 게송에서 노래하듯이, 무아의 지혜를 얻은 자가 되는 것이다.

그리고 이렇게 '자아가 없다'는 사실에 대해 깨달을 경우 다시는 윤회의 세계 속에 들어오지 않는 열반을 성취하게 된다. 용수는 다음과 같이 말한다.

> 안에서건 밖에서건
> '나'라든지 '나의 것'이라는 생각이 사라지면,
> 취착(取着)이 사라진다.
> 취착이 사라지기 때문에 다시 태어나는 일도 없게 된다.
> 內外我我所 盡滅無有故 諸受卽爲滅 受滅則身滅.
>
> — MK. 18-4

불교의 윤회설에서는 모든 생명체는 죽은 후 다시 태어난다고 가르친다. 그리고 그 생명체의 종류로 하늘나라에 사는 ① 천신과 ② 아수라, 지구상에 사는 ③ 인간과 ④ 짐승, 그리고 일반인의 눈에 보이지 않는 ⑤ 아귀와 ⑥ 지옥 중생의 여섯 가지를 든다. 착하고 고결하게 살 경우 천신이나 인간 또는 아수라로 태어나고 그렇지 못할 경우 짐승·아귀·지옥의 세계에 태어난다고 한다. 앞의 세 가지를 삼선도(三善道: 세 가지 행복한 곳)라고 부르고 뒤의 세 가지를 삼악도(三惡道: 세 가지 불행한 곳)라고 부른다. 모든 생명체는 무한한 세월 이전부터 탄생과 사망을 되풀이하며 이런 여섯 세계를 오르락내리락하고 있다는 것이다.

그런데 이런 여섯 가지 길 가운데 행복한 곳인 삼선도에 태어나기는 지극히 힘들다. 《잡아함경》에서는 삼선도에서 죽어 다시 삼선도에 태어나는 중생은 손톱에 낀 먼지만큼 적고, 삼선도에서 죽어 삼악도에 태어나는 중생은 대지의 흙과 같이 많다고 한다. 또 생명체가 인간으로 태어날 확률은 '눈먼 바다거북이 100년에 한 번 바다 위로 목을 내미는데, 그때 우연히 그곳을 떠내려가던 나무판자의 구멍에 목이 낄 정도' 밖에 안 된다고 가르친다. 따라서 현재 지구상의 인간 중 전생에도 인간이었던 사람은 거의 없고, 내생에 인간계 이상에 태어날 사람 역시 거의 없다고 볼 수 있다.

육식을 즐기고 실험동물을 살해하여 약품을 개발하는 등 다른 생명체의 희생을 딛고 살아가는 지금의 전 인류 대부분은 그 악업으로 인해 다시 짐승 이하에 태어나게 될 것이다. 삼악도 중 가장 나은 곳인 짐승의 삶은 지극히 불행하다. 들짐승들은 매일 굶주리면서 약육강식의 공포 속에 떨며 살아간다. 소나 말, 양이나 닭과 같은 가축들은 인간에게 부림을 당하고 매 맞고, 뿔과 털과 젖을 강탈당하다가 결국은 인간의 음식이 되기 위해 살해된다. 배고픔에 떠는 아귀의 삶은 더 불행하고 지옥 중생의 삶은 말할 것도 없다. 하늘나라에 태어난다고 해도 전생에 자신이 지었던 공덕이 소진되면 삼악도로 떨어지고 만다. 거의 대부분의 생명체는 짐승 이하의 세계에서 살아간다.

이렇게 윤회의 실상에 대해 알게 될 때, 우리는 '윤회의 세계 중 좋은 곳에 태어나야 하겠다'는 마음보다 '아예 윤회하지 않는 것이 좋겠다'는 마음을 갖게 된다. 이렇게 '윤회를 벗어나고자 하는 마음, 다시는 태어나지 않으려 하는 마음'이 바로 '열반하고자 하는 마음'이다.

위 게송에서 말하는 취착(取着)이란 욕심이 구체화된 것을 의미한다. 욕심 중에는 식욕·성욕·수면욕과 같은 동물적인 욕심도 있지만, 내생에 좋은 곳에 태어나려는 종교적인 욕심도 있다. 이런 욕심들이 보다 구체화된 것이 취착이다. 하늘나라에 태어나기 위해 특정한 종교의례를 준수하고자 하는 것[戒禁取], 특정 종교에서 가르치는 세계관을 견지하는 것[見取] 등이 취착이다. 그리고 대부분의 사람들은 이런 취착에 따라 살아가면서 내생에 그런 종교에서 말하는 하늘나라에 태어나기를 바란다.

그러나 윤회의 실상에 대해 자각할 경우, '하늘나라에 태어나는 것'이 아니라 그런 취착을 제거함으로써 '아예 태어나지 않는 것'이 영원한 행복의 길임을 알게 된다. 그리고 '나'라든지 '나의 것'이라는 생각을 제거할 때 '나를 향해 끌어당기는 마음'인 욕심이 사라지고, 그런 욕심이 구체화된 취착이 사라지며, 취착이 사라지기에 내생에 다시 태어나는 일도 없게 된다. 이것이 불교에서 말하는 깨달음의 과정이다.

깨닫게 될 경우 살아서는 자신의 마음속에 그런 취착이 조금도 남아 있지 않다는 사실을 스스로 자각하기에 다시는 태어나지 않을 수 있음을 스스로 알 수 있고[有餘依涅槃], 죽은 후에는 완전한 열반에 들어 다시는 윤회의 세계에 들어오지 않을 수 있는 것이다[無餘依涅槃]. 대부분의 생명체는 죽은 후 반드시 다시 태어난다. 다시 태어나지 않는 열반은 전 인류 가운데 극소수에 불과한 '위대한 성인(聖人)'에게만 주어진 축복이다. 불교에서는 이런 성인을 '아라한(阿羅漢)'이라고 부른다. '나'라든지 '나의 것'이라는 착각을 제거해야 탐욕과 분노와 어리석음의 삼독이 사라진 아라한이 될 수 있는 것이다.

지금까지 고찰해 보았듯이, 불교에서는 철저하게 '자아가 없다[無我]'고 가르친다. 이를 '무아설(無我說)'이라고 부른다. 그러나 이런 '무아의 가르침'의 원래 목적은 '변치 않는 자아가 존재한다'는 착각을 비판하기 위한 것이었지, '자아가 존재하지 않는다'는 이념을 심어 주기 위한 것은 아니었다. 무아의 가르침은 불교 발생 당시 대부분의 종교인들이 추구하던 '영원한 아뜨만'의 병을 치료하는 약과 같은 것이었다. 병이 나으면 더 이상 약을 먹을 필요가 없다. 특정한 질병에는 특정한 약만이 효과가 있다. 어떤 약이 관절염을 치료하여 나를 행복하게 해 주었다고 해서 그 약을 설사환자에게 권할 수는 없다.

불교의 모든 가르침은 병을 치료하는 약과 같으며 무아의 가르침 역시 이에 해당한다. 그러나 이를 도외시하고 '무아'를 하나의 이념으로 받아들일 때, 우리는 모든 것을 부정하는 허무주의에 빠지게 된다. 내가 없다면 선과 악이라는 가치도, 무엇을 파악하는 인식도, 나의 존재도 모두 무의미해지기 때문이다.

'무아'의 가르침은 독단적 이념이 아니라, '아뜨만을 추구하는 특정한 종교관'에 대한 비판이었다. 아뜨만을 추구하던 수행자들에게는 '무아'의 가르침을 베푸셨지만, 이런 가르침의 취지를 모르고 누군가가 '무아'의 가르침에 집착할 경우에 부처님께서는 '무아'조차 부정하셨다.

이를 용수는 다음과 같이 노래한다.

모든 부처님께서는
때로는 '자아가 있다'고 가르치셨고,
때로는 '자아가 없다'고 가르치셨으며,
때로는 '자아가 있는 것도 아니고 자아가 없는 것도 아니다'라고 가르치셨다.
諸佛或說我 或說於無我 諸法實相中 無我無非我.
― MK. 18-6

악행을 금하고 선행을 권할 때는 '모든 것은 스스로 짓고 스스로 받는다(自業自得)'는 인과응보의 가르침을 베푸셨다. 자업자득의 인과응보의 가르침에서는 자아의 존재를 설정한다. '아뜨만의 발견'을 궁극적 목표로 삼고 수행하는 사람들에게는 '그런 아뜨만은 없다'는 무아의 가르침을 베푸셨다. 진정한 종교적 목적은 그런 아뜨만을 찾아 안주하는 것이 아니라, 그런 아뜨만이 없다는 사실을 깨달음으로써 윤회의 세계에서 벗어나는 것이다. 또 아뜨만이 없다는 사실을 깨달을 때, 탐욕과 분노의 뿌리가 비로소 뽑힐 수 있다. 그러나 아뜨만이 있다거나 아뜨만이 없다는 것을 하나의 이념으로 생각하는 사람에게는 '아뜨만이 있는 것도 아니고, 아뜨만이 없는 것도 아니다'라고 가르치셨다.

불교의 가르침을 '병을 치료하는 약'이 아니라 '이념'으로 받아들이는 사람에게 '아뜨만이 있다'고 가르치면 '극단적 낙천주의'

에 빠지게 되고 '아뜨만이 없다'고 가르치면 '극단적 허무주의'에 빠지게 되기 때문이다.

이렇게 상대방의 수준에 따라 다른 가르침을 베푸는 불교적 방식을 '대기설법(對機說法)'이라고 부른다. 용수는 위의 게송을 통해 무아의 가르침이 우리 마음속의 분노와 탐욕을 제거해 주는 가르침인 것은 분명하지만, 그 가르침에 집착하여 이를 하나의 이념으로 삼을 경우 오히려 독이 될 수 있음을 경고하는 것이다.

11. 시간에 대한 분석

앞의 '3. 움직임에 대한 분석'에서 〈관거래품〉을 해설하면서, 과거·현재·미래의 움직임이 모두 존재하지 않음을 논증한 바 있다. 이미 가버린 것은 지금 가고 있지 않고, 아직 가지 않은 것 역시 지금 가고 있지 않으며, 지금 가는 중인 것은 '이미 가버린 것과 아직 가지 않은 것의 틈에 끼어' 있을 곳이 없다. 〈관거래품〉에서는 움직임이 실재하지 않는다는 점을 논증하고 있지만, 이런 논증에 의거하여 과거·미래·현재의 시간이 모두 존재하지 않는다는 점 역시 간접적으로 추측할 수 있다. 우리는 과거를 직접 대면한 적이 없고, 미래 역시 직접 대면할 수가 없으며, 현재는 과거와 미래의 틈에 끼어 존재할 곳이 없다. 시간은 실재하는 것이 아니다. 시간은 우리의 생각이 구성해 낸 것으로 환상과 같다.

그런데 《중론》 제19 〈관시품(觀時品: 시간에 대한 분석)〉에서는 시간이 실재하지 않는다는 점을 보다 직접적으로 논증한다. 시간은 과거·현재·미래로 구성되어 있다. 과거는 현재보다 이전의 시간대이며 미래는 현재 이후의 시간대이다. 상·중·하가 서로 의존한 개념이듯이 과거·현재·미래는 서로 의존한 개념들이다. 중과 하가 없으면 상이 있을 수 없고, 상과 하가 없으면 중이 있을 수 없으며, 상과 중이 없으면 하가 있을 수 없듯이 과거와 현재가 없으면 미래가 있을 수 없고, 과거와 미래가 없으면 현재가 있을 수 없으며, 현재와 미래가 없으면 과거가 있을 수 없다. 과거가 있기에 현재와 미래가 있고, 현재가 있기에 과거와 미래가 있으며, 미래가 있기에 현재와 과거가 있다. 그러나 용수는 이런 사고방식에서 다음과 같이 논리적 오류를 지적한다.

> 만일 과거의 시간에 의존하여
> 현재와 미래가 있다면,
> 현재와 미래는
> 과거의 시간대에 존재하는 것이 되리라.
> 若因過去時 有未來現在 未來及現在 應在過去時.
>
> — MK. 19-1

어떤 무엇이 다른 무엇에 의존하기 위해서는 그 둘이 함께 있어야 한다. 내가 벽에 기대어 의존하기 위해서는 나와 벽이 같은 시간대에 함께 존재해야 한다. 나는 이미 무너진 벽에도 의지할 수 없고, 아직 만들어지지 않은 벽에도 의지할 수가 없다. 가을 들판에 세워 놓은 볏단은 서로 의지해야 서 있을 수 있다. 이때 서로 의지하고 있는 볏단은 동시에 세워져 있다. 과거와 현재와 미래로 이루어져 있는 시간의 경우 과거와 현재와 미래 각각은 홀로 존재할 수 없다. 미래와 현재를 염두에 두지 않고 과거만을 떠올릴 수 없고, 과거와 현재를 염두에 두지 않고 미래만을 떠올릴 수 없으며, 미래와 과거를 염두에 두지 않고 현재만을 떠올릴 수 없다. 과거와 현재와 미래는 서로 의존하여 존재한다. 과거·현재·미래의 의존 관계는 다음과 같은 다양한 조합으로 표현될 수 있다.

① 과거에 의존하여 현재와 미래가 존재한다.
② 현재에 의존하여 과거와 미래가 존재한다.
③ 미래에 의존하여 과거와 현재가 존재한다.
④ 과거와 현재에 의존하여 미래가 존재한다.
⑤ 현재와 미래에 의존하여 과거가 존재한다.
⑥ 미래와 과거에 의존하여 현재가 존재한다.

위에 인용한 게송에서는 이 중 ①의 조합을 예로 들어 '서로 다른 시간대인 과거와 현재와 미래가 서로 의존하여 존재한다'는 사고방식에서 논리적 오류를 지적하지만, 다른 조합의 경우도 ①이 비판되는 방식과 동일한 방식으로 비판될 수 있다.

위의 게송에서 말하듯이, '과거의 시간에 의존하여 현재와 미래가 있다면, 현재와 미래는 과거의 시간대에 존재하는 꼴이 된다.' 내가 벽에 의지할 때, 의지한 나와 의지된 벽이 함께 존재하듯이 현재와 미래가 과거에 의지하기 위해서는 현재와 미래가 과거와 함께 존재해야 한다. 그러나 그럴 수는 없다. 과거는 이미 지나간 시간대, 현재는 지금의 시간대, 미래는 아직 지나가지 않은 시간대를 의미하기에 이 세 가지 시간대는 동시에 존재할 수 없다.

그렇다고 해서 과거의 시간대에 현재와 미래가 존재하지 않는다고 볼 수도 없다. 왜냐하면 현재와 미래는 과거에 의존해야 존재할 수 있기 때문이다. 과거를 염두에 두지 않고 현재와 미래를 논할 수 없는 데서 알 수 있듯이…….

용수는 이를 다음과 같이 노래한다.

만일 현재와 미래가
과거의 시간대에 존재하지 않는다면,
현재와 미래가
어떻게 과거에 의존할 수 있겠는가?
若過去時中 無未來現在 未來現在時 云何因過去.

― MK. 19-2

현재와 미래가 과거와 별개의 시간대라고 볼 경우, 현재와 미래는 과거와 관계를 가질 수 없다. 다시 말해 과거에 의존할 수 없다. 그렇다면 '과거에 의존하여 현재와 미래가 존재한다'는 시간의 속성과 어긋나고 만다.

지금까지 19-1과 19-2라는 두 수의 게송을 통해 '과거에 의존하여 현재와 미래가 존재한다'는 사고방식이 범하는 논리적 오류를 지적해 보았는데, 앞에서 누차 강조했듯이 중관논리를 공부하면서 우리가 배워야 할 것은 어떤 특수한 개념에 실체가 없다는 점이 아니라 중관논리가 구사되는 방식이다. 이런 방식을 익히기 위해 우리는 《중론》의 여러 게송들을 '비가 내린다'는 판단이 비판되는 구조와 대비시켜 본 바 있다.

앞의 두 게송에서 '과거에 의존하여 현재와 미래가 존재한다'는 판단이 비판되는 구조를 '비가 내린다'는 판단이 비판되는 구조와 대응시키면 다음과 같다.

* 제1구 비판:
  - '비가 내린다'고 할 때, 내림을 갖는 비가 내리기에 의미 중복의 오류에 빠진다.
  - '과거에 의존하여 현재와 미래가 존재한다'고 할 때, 이들이 의존하기 위해 현재와 미래가 과거의 시간대에 존재해야 한다면 시간의 중첩이 발생한다.
* 제2구 비판:
  - '비가 내린다'고 할 때, 내림을 갖지 않는 비가 내린다면 사실에 위배되는 오류에 빠진다.
  - '과거에 의존하여 현재와 미래가 존재한다'고 할 때, 현재와 미래가 과거의 시간대에 존재하지 않아도 이들이 서로 의존할 수 있다면 사실에 위배되는 오류에 빠진다.

이어서 용수는 다음과 같이 노래한다.

과거에 의존하지 않는다면

현재와 미래의 두 시간대는
성립할 수 없다.
그러므로 시간은 존재하지 않는다.
不因過去時 則無未來時 亦無現在時 是故無二時.

— MK. 19-3

앞의 두 게송에서 '현재와 미래의 시간대가 과거에 의존하여 존재한다'는 사고방식이 논리적 오류에 빠지자, 토론하는 상대방은 이를 모면하기 위해 '현재와 미래의 시간대는 과거에 의존하지 않고 존재한다'는 상반된 이론을 제시할 수 있다. 그러나 현재와 미래는 과거와 무관하게 독립적으로 존재할 수 없다. 마치 긴 것이 짧은 것과 무관하게 독립적으로 존재할 수 없고, 비가 없으면 내림이 있을 수 없듯이…….

과거·현재·미래는 각각 별개의 개념이면서 서로 의존해 있다. 이렇게 '별개이면서 의존하는 개념' 가운데에는 이 밖에 '상·중·하'도 있고, '같음·다름'도 있다. 그런데 이런 개념들은 과거·현재·미래와 마찬가지로 '별개라면 의존할 수 없고, 의존한다면 별개일 수 없는 딜레마'에 빠져 있다. 용수는 다음과 같이 말한다.

이런 과정에 의해
남은 두 가지 시간대도 비판된다.
상·중·하나 같음과 다름 등도

모두 존재하지 않는다.

以如是義故 則知餘二時 上中下一異 是等法皆無.

— MK. 19-4

앞의 게송에서는 '과거'를 중심으로 시간의 실재를 비판했는데 이 게송에서 말하듯이, 남은 두 가지 시간대, 즉 현재와 미래의 시간대도 같은 방식으로 비판될 수 있다.

또 상·중·하는 별개의 다른 개념이면서 서로 의존한 개념인데 별개라고 한다면, 중이나 하가 없어도 상이 있어야 하고, 상이나 하가 없어도 중이 있어야 하고, 상이나 중이 없어도 하가 있어야 할 텐데 그럴 수는 없다. 또 서로 의존한다면 상이 있는 곳에 중과 하가 있고, 중이 있는 곳에 상과 하가 있으며, 하가 있는 곳에 상과 중이 있어야 할 텐데 그럴 경우 상·중·하의 구별이 무의미해진다.

같음과 다름도 서로 의존하는 개념이다. 같은 것들이 있기에 무엇에 대해 다르다는 판단을 하고, 다른 것들이 있기에 그 무엇에 대해 같다는 판단을 한다. 그러나 같음과 다름은 동일한 개념이 아니다. 같음과 다름은 별개의 개념이다. 같음과 다름은 별개의 개념이지만 서로 의존해 있다. 같음이 다름에 의존하려면 다름이 있는 곳에 같음이 있어야 한다. 그럴 경우 같음과 다름의 구별이 무의미해진다. 그와 반대로 같음이 다름과 별개의 것이라면 같음과 다름은 서로 의존한 개념일 수가 없다.

시간이 과거·현재·미래로 나누어지고, '과거·현재·미래가 서로 각각 별개의 개념이면서 서로 의존해 있다는 사고방식이 범하게 되는 논리적 오류를 지적한 용수는 〈관시품〉을 마무리하면서 다음과 같이 노래한다.

> 만일 사물을 조건으로 삼아 시간이 존재한다면
> 사물을 떠나서 어떻게 시간이 존재하겠는가?
> 그리고 어떠한 사물도 존재하지 않는데
> 어떻게 시간이 존재하겠는가?
> 因物故有時 離物何有時 物尙無所有 何況當於時.
>
> — MK. 19-6

앞의 게송들에서와 달리 이 게송에서는 시간과 사물의 관계를 거론하면서 시간의 실재성을 비판한다. 그 어떤 사물도 없다면 시간의 존재는 포착되지 않을 것이다. 동쪽에서 해가 솟아오르고, 날이 저물고, 강물이 흘러가고, 바람이 불고, 매 순간 내가 호흡하고, 나의 맥박이 뛰고, 머리 속에서 온갖 생각들이 떠오르고, 나의 피부 감각이 매 순간 변하는 등 물리적이고 심리적인 것들이 변화하기에 우리는 시간이 있다고 생각한다. 그런 사물·사태들의 변화가 없다면 시간은 무의미해진다. 위의 게송에서 반문하듯이 '사물을 떠나서 이런 시간은 존재할 수 없다.'

앞에서 논파한 바 있듯이 긴 것도 본래 없고 짧은 것도 없으며, 불도 없고 연료도 없으며, 눈도 없고 시각대상도 없고, 발생도 없고, 움직임도 없고, 자아도 본래 없다. 그 어떤 사물도 본래 없다.

그렇다면 시간 역시 존재할 수 없다. 지금까지 논파했던 갖가지 개념들이 모두 본래 없었듯이, 시간 역시 본래 없다. 실재하는 것이 아니다. 긴 것이나 짧은 것, 불과 연료, 움직임 등과 마찬가지로 시간 역시 우리의 생각이 축조해 낸 것일 뿐이다.

12. 인과 관계에 대한 분석

 씨앗을 심어 싹이 나올 때, 씨앗을 원인이라고 부르고 싹을 결과라고 부른다. 진흙으로 항아리를 만들 때, 진흙을 원인이라고 부르고, 항아리를 결과라고 부른다. 실로 옷감을 짤 때, 실을 원인이라고 부르고 옷감을 결과라고 부른다. 씨앗이라는 원인과 물·공기·햇빛이라는 조건이 결합하여 싹을 틔운다. 진흙이라는 원인과 물레·도공의 노력·가마·유약 등의 조건이 결합하여 항아리를 만들어 낸다. 실이라는 원인에 방직공과 방직기 등의 조건이 결합하여 옷감을 지어 낸다.
 그리고 우리는 이런 원인과 조건과 결과가 실재하며 원인과 조건이 결합하여 결과를 만들어 내는 인과 관계 역시 실재한다고 생각한다. 그러나 다른 모든 개념들의 실재성을 비판하듯이, 용수는 원인과 결과의 실재성을 비판함은 물론이고, 원인과 조건이 결합하여 결과가 발생한다는 사고방식에서도 논리적 오류를 지적한다.

《중론》제20〈관인과품(觀因果品: 인과 관계에 대한 분석)〉서두에서 용수는 다음과 같이 말한다.

> 만일 원인과 조건이 결합하여
> 결과가 발생하는데
> 그런 결합 속에 결과가 존재한다면,
> 어떻게 결합에서 결과가 발생하겠는가?
> 若衆緣和合 而有果生者 和合中已有 何須和合生.
>
> — MK. 20-1

> 만일 원인과 조건이 결합하여
> 결과가 발생하는데
> 그런 결합 속에 결과가 존재하지 않는다면,
> 어떻게 결합에 의해 결과가 발생하겠는가?
> 若衆緣和合 是中無果者 云何從衆緣 和合而果生.
>
> — MK. 20-2

씨앗이라는 원인과 물·공기·햇빛 등 조건의 결합에 싹이 미리 존재한다면 그런 결합으로 굳이 결과를 다시 발생할 필요가 없을 것이다. 미리 존재하고 있기 때문이다. 미리 존재하는데도 다시 발생한다면 중복의 오류를 범하게 된다. 미리 존재하는 싹이 발생을 통해 다시 존재하게 되기 때문이다. 그러나 그런 일은 없다. 또 원인과 조건의 결합 속에 싹이 미리 존재한다면 원인과 조건의 결합에서 싹을 발견할 수 있어야 하리라. 그러나 원인인 씨앗과 조건인 물·공기·햇빛 등을 결합해 놓아도 그런 결합 속에서 결과로서의 싹은 발견되지 않는다. 용수는 이를 다음과 같이 노래한다.

> 만일 원인과 조건들의 결합에 의해
> 결과가 존재하는 것이라면
> 결과는 결합 속에 존재해야 하는데
> 결합 속에서 결과는 포착되지 않는다.
> 若衆緣和合 是中有果者 和合中應有 而實不可得.
>
> — MK. 20-3

그와 반대로 씨앗이라는 원인과 물 등의 조건의 결합에 싹이 전혀 존재하지 않는다면 그런 결합에서 절대로 결과인 싹이 발생할 수 없어야 할 것이다. 또 그런 결합에 싹이 전혀 존재하지 않는데도 싹이 발생한다면, 그 싹이 전혀 없는 다른 모든 곳에서도 그런 싹이 발생할 수 있어야 하리라. 그러나 그런 일은 없다. 또 원인과 조건의 결합 속에 싹이 전혀 존재하지 않는다면, 그런 원인과 조건들은 원인과 조건이 아닌 것들과 마찬가지인 꼴이 된다.

> 만일 원인과 조건의 결합에 의해
> 결과가 존재하는 것이 아니라면
> 원인과 조건은

원인과 조건이 아닌 것들과 마찬가지인 꼴이 되리라.

若衆緣和合 是中無果者 是則衆因緣 與非因緣同.

— MK. 20-4

따라서 원인과 조건의 결합 속에 결과가 존재한다고 볼 수도 없고[MK. 20-1, 3], 원인과 조건의 결합 속에 결과가 존재하지 않는다고 볼 수도 없다[MK. 20-2, 4]. 이런 딜레마적 구조 역시 '비가 내린다'는 판단이 비판되는 딜레마의 구조와 동일하다. 양자를 대비시켜 보자.

* 제1구 비판:
- '비가 내린다'고 할 때 비가 내림을 갖고 있다면 다시 내릴 필요가 없을 것이다.
- '원인과 조건의 결합에서 결과가 발생한다'고 할 때 원인과 조건의 결합 속에 미리 결과가 존재한다면 다시 발생할 필요가 없을 것이다.

* 제2구 비판:
- '비가 내린다'고 할 때 비가 내림을 갖고 있지 않는 데도 내린다면 내림이 없는 모든 곳에서 비가 내릴 것이다.
- '원인과 조건의 결합에서 결과가 발생한다'고 할 때 원인과 조건의 결합 속에 결과가 존재하지 않는다면, 그런 결과가 존재하지 않는 모든 곳에서 결과가 발생할 수 있어야 하리라.

그리고 용수는 원인과 결과 사이의 인과 관계가 순차적으로 발생한다는 이론에 대해 다음과 같이 비판한다.

> 만일 원인이 원인을 결과에 주고서
> 소멸하는 것이라면,
> '준 것'과 '소멸한 것'이라고 하는 그 실체가
> 두 개인 원인이 존재하는 꼴이 된다.
> 若因與果因 作因已而滅 是因有二體 一與一則滅.
>
> － MK. 20-5

> 만일 원인이 원인을 결과에 주지 않고서
> 소멸하는 것이라면,
> 원인이 소멸한 다음에 결과가 발생하는 것이니,
> 이런 결과는 원인이 없는 꼴이 될 것이다.
> 若因不與果 作因已而滅 因滅而果生 是果則無因.
>
> － MK. 20-6

모든 사물은 매 찰나 변해 간다. 앞 찰나의 사물에 의거하여 다음 찰나의 사물이 발생한다. 다시 말해 앞 찰나의 것이 원인이 되어 다음 찰나의 결과가 발생한다. 그런데 이런 식으로 결과가 발생한다고 할 때, 보다 세밀히 분석해 보면 앞 찰나의 원인이 그대로 남아 있으면서 결과를 발생시키든지, 아니면 완전히 사라진 다음에 결과를 발생시키든지 둘 중의 한 경우여야 할 것이다. 제3의 대안은 없다. 그러나 두 경우 모두 논리적 오류를 범한다.

위의 20-5 게송에서 말하듯이 앞 찰나의 원인이 결과를 만나 결과에 대해 원인의 노릇을 하고서 소멸하는 것이라면, 두 개의 원인이 있는 꼴이 되기 때문이다. 하나는 결과에 준 원인이고, 다른 하나는 소멸한 원인이다. 그러나 원인이 자기 자신을 결과에 주었다면 소멸할 수 없고 소멸했다면 결과에 줄 수가 없다.

그와 반대로 원인이 원인을 결과에 주지 않고서 소멸하는 것이라면 원인과 결과의 관계는 단절되고 만다. 결과는 원인과 무관한 것이 된다. 위의 20-6 게송에서 말하듯이 그런 결과는 원인이 없는 꼴이 될 것이다.

그렇다고 해서 원인과 조건이 결합할 때 그와 동시에 결과가 발생한다고 볼 수도 없다. 용수는 그 이유에 대해 다음과 같이 설명한다.

> 만일 원인과 조건의 결합과 동시에
> 결과가 출현하는 것이라면
> 발생케 한 것과 발생된 것이
> 동시에 존재하는 꼴이 된다.
> 若衆緣合時 而有果生者 生者及可生 則爲一時共.
>
> — MK. 20-7

'원인과 조건이 결합함'이 먼저이고 그 다음에 '결과'가 발생하는 것이라면, 원인과 조건의 결합 속에 결과가 존재하든지, 존재하지 않든지 해야 할 텐데, 두 경우 모두 논리적 오류를 범한다. 원인과 조건의 결합 속에 결과가 존재한다면 원인과 조건이 모여 결과를 발생시킬 때 이미 존재하던 결과가 다시 발생해야 하고, 원인과 조건의 결합 속에 결과가 존재하지 않는다면 결과가 존재하지 않는 다른 모든 곳에서도 결과가 발생해야 하기 때문이다. 이렇다고 할 수도 없고 저렇다고 할 수도 없는 딜레마를 피하기 위해서 논쟁의 상대방은 위의 20-7에서 말하듯이 '원인과 조건이 결합함과 동시에 결과가 출현한다'는 또 다른 이론을 제시하는 것이다. 그러나 이 역시 논리적 오류를 범한다.

'원인과 조건의 결합'은 결과를 '발생케 한 것'이고 '결과'는 '발생된 것'인데 이 양자는 동시에 존재할 수 없기 때문이다. 예를 들어 씨앗은 싹을 '발생케 한 것'이고 싹은 씨앗에서 '발생된 것'인데 씨앗에서 싹이 틀 때 씨앗과 싹이 동시에 존재할 수 없듯이 '발생케 한 것'과 '발생된 것'은 동시에 존재할 수 없다. 씨앗이 먼저이고 싹이 나중이 듯이 '발생케 한 것'은 앞에 있고 '발생된 것'은 뒤에 있다.

'원인과 조건의 결합'과 '결과' 사이의 시간적 선후 관계에 대해 세 가지 조망이 가능하다. 첫째는 전자가 선행한다는 조망이고, 둘째는 양자가 동시에 존재한다는 조망이며, 셋째는 후자가 선행한다는 조망이다. 이 가운데 앞의 두 가지 조망은 위에서 비판되었다. 이어지는 게송에서 용수는 세 번째 조망, 즉 '후자, 즉 결과가 선행한다'는 조망을 소개하며 비판한다.

만일 결과가 원인과 조건의 결합보다

먼저 나타나는 것이라면

그런 결과는 원인과 조건을 벗어난

무인(無因)의 결과가 되리라.

若先有果生 而後衆緣合 此卽離因緣 名爲無因果.

— MK. 20-8

'원인과 조건의 결합에 의해서 결과가 발생한다'로 정의되는 인과 관계에 대해 다양한 이론이 구성될 수 있으며, 앞에서 고찰해 보았듯이 그 모두 논리적 오류를 범한다. 그러나 그렇다고 해서 결과가 먼저 존재하고 나중에 원인과 조건의 결합이 나타난다는 이론이 옳다고 볼 수는 없을 것이다. 왜냐하면 이는 인과 관계에 대한 정의 자체를 부정하는 이론이기 때문이다. 여기서 말하는 결과는 위 게송에서 말하듯이 무인(無因)의 결과, 즉 아무 원인도 갖지 않는 결과가 되고 만다.

지금까지 인과 관계에 대한 다양한 이론들이 범하는 논리적 오류에 대해 분석해 보았는데 〈관인과품(觀因果品)〉을 마무리하면서 용수는 '원인'과 '결과'가 같다고 보건, 다르다고 보건 모두 논리적 오류를 범한다는 점을 다음과 같이 지적한다.

원인과 결과가 동일하다는 것은

결코 옳지 않다.

원인과 결과가 다르다는 것은

결코 옳지 않다.

因果是一者 是事從不然 因果若異者 是事亦不然.

― MK. 20-19

원인과 결과가 동일하다면

발생케 한 것과 발생된 것이 동일하게 되리라.

원인과 결과가 별개라면

원인은 원인이 아닌 것과 마찬가지가 되리라.

若因果是一 生及所生一 若因果是異 因則同非因.

― MK. 20-20

원인과 결과는 동일할 수가 없다. 원인은 발생케 한 것[能生]이고, 결과는 발생된 것[所生]이기 때문이다. 예를 들면 씨앗은 싹이라는 결과를 발생케 한 원인이고, 싹은 씨앗이라는 원인에서 발생된 결과이다. 씨앗이 싹과 동일할 수가 없듯이 발생케 한 것은 발생된 것과 동일하지 않다. 또 긴 것이라는 생각은 짧은 것이라는 결과를 발생케 한 원인이고, 짧은 것이라는 생각은 긴 것이라는 원인에서 발생한 결과이다. 긴 것과 짧은 것이 동일할 수가 없듯이 발생케 한 것은 발생된 것과 동일하지 않다.

원인과 결과는 다르다고 볼 수도 없다. 예를 들어 원인인 사과씨와 결과인 사과 싹이 전혀 다르고, 그렇게 다른 데도 원인인 사과 씨를 심어서 결과인 사과 싹이 나올 수 있는 법이라면, 대추씨나 호박씨를 심어도 사과 싹이 나올 수 있어야 할 것이다. 대추씨나 호박씨도 사과 싹과 전혀 다른 것이라는 점에서 사과 씨와 차이가 없기 때문이다. 사과 싹의 원인인 사과 씨는 사과 싹의 원인이 전혀 될 수 없는 대추씨나 호박씨와 마찬가지인 꼴이 될 것이다. 위 게송에서 말하듯이 '원인은 원인 아닌 것과 마찬가지가 될 것이다.' 그러나 그런 일은 없다.

13. 여래에 대한 분석

불교를 잘 모르는 사람도 석가여래라든지, 약사여래라는 말은 들어보았을 것이다. 여기서 여래(如來)는 부처님의 별호(別號: 달리 부르는 이름) 가운데 하나로 '진리로서 오신 분'을 의미한다.

그러면 우리는 어떻게 하면 여래이신 부처님을 만날 수 있을까? 어떻게 하면 여래이신 부처님을 뵐 수 있을까? 또 불교에서는 모든 생명체는 윤회한다고 한다. 지금까지 죽은 수많은 사람들은 그 어딘가에 다시 태어나 살고 있을 것이다. 그러나 부처님이나 아라한과 같이 깨달은 분들은 윤회하지 않는다고 한다. 그렇다면 지금부터 2600여 년 전 돌아가신 부처님은 지금 그 어딘가에 계실까, 그렇지 않으면 그 어디에도 안 계실까?

《중론》제22 〈관여래품(觀如來品: 여래에 대한 분석)〉에서는 이런 모든 의문에 대해 해명한다. 용수는 먼저 다음과 같이 노래한다.

여래는 오온(五蘊)도 아니고 오온과 다른 것도 아니며,

여래에게 오온이 있는 것도 아니고 오온에 여래가 있는 것도 아니며,

여래가 오온을 갖는 것도 아닌데
무엇이 여래이겠는가?

非陰不離陰 此彼不相在 如來不有陰 何處有如來.

— MK. 22-1

《아함경》과 같은 초기불전에서도 이와 똑같은 방식으로 여래의 존재에 대해 분석하는데, 오온이란 육체[色]·느낌[受]·생각[想]·의지[行]·마음[識] 등 '자아'라고 생각될 만한 모든 것을 가리킨다. 여래는 윤리 도덕[戒]과 삼매[定]와 지혜[慧]를 완성한 분이며, 해탈했을 뿐만 아니라 해탈했다는 사실을 스스로 자각[解脫智見]한 분이다.[29] 이런 다섯 가지 덕목을 갖추고 있다는 점에서 여래의 오온은 일반인의 오온과 분명히 다르다. 그러면 여래는 이런 여래의 오온과 같은 것일까, 다른 것일까?

먼저 여래가 오온 그대로일 수는 없다. 왜냐하면 오온은 생멸 변화하는 것이기 때문이다. '자아'가 오온과 같은 것일 수 없었듯이 '여래' 역시 오온과 같을 수가 없다.

그렇다고 해서 '여래가 오온과 다르다'고 볼 수도 없다. 왜냐하면 모든 것은 오온뿐이기 때문이다. 여래가 오온과 다르기 위해서

---

29) 이런 다섯 가지는 '다섯 가지 진리의 몸[五分法身]'이라고 불리는데, 이 중 계(戒)는 오온 중 색(色)에 해당하고 나머지 네 가지는 행(行)에 해당한다(《구사론》, 대정장 29, p. 6b).

는 오온을 떠나서 여래가 존재해야 한다. 그러나 오온을 떠나면 그 어떤 존재도 있을 수 없다. 그 밖에 '여래에게 오온이 있다' 든지, '오온에 여래가 있다' 든지, '여래가 오온을 갖는다' 는 판단들 역시 '여래와 오온은 다르다' 는 사고방식에 토대를 두고 작성된 것들이기에 이와 동일한 방식으로 비판된다.

이렇게 여래와 오온이 동일하거나 다르다는 사고방식 모두 논리적 오류를 범하기에 어떤 사람은 '여래는 오온을 취하여 존재한다' 는 제3의 이론을 제시할지도 모른다. 그러나 용수는 이런 이론에 대해 다음과 같이 비판한다.

만일 오온을 취하지 않은 채
그 어떤 여래가 존재한다면,
그는 이제 오온을 취하려는 희망을 갖고
오온을 취하여 존재하리라.
若不因五陰 先有如來者 以今受陰故 則說爲如來.

— MK. 22-5

그러나 오온을 취하지 않으면
그 어떤 여래도 존재하지 않는다.
오온을 취하지 않으면 존재할 수 없는 자가
어떻게 오온을 취할 수 있겠는가?
今實不受陰 更無如來法 若以不受陰 今當云何受.

— MK. 22-6

진리의 몸인 여래께서 중생을 구제하기 위해 희망하셔서 인간의 모습을 띠고 세상에 나타나신다. 여래가 인간의 모습을 띠기 위해서는 오온을 취해야 한다. 이렇게 여래가 오온을 취하기 위해서는, 아직 오온을 취하지 않은 그 어떤 여래가 미리 존재했어야 한다. 그러나 모든 것은 오온뿐이기에 오온을 취하지 않은 존재는 그 어떤 것도 있을 수 없다. 따라서 오온을 취하지 않은 상태의 여래가 존재하고 그런 여래가 오온을 취함으로써 세상에 오신다는 사고방식은 옳지 않다. 이 게송의 비판 구조 역시 앞에서 누차 예로 들었던 '비가 내린다'는 판단에 대한 제2구적인 이해가 비판되는 구조와 동일하다. 이를 대비시켜 보자.

* 제2구 비판:
  · 내림을 갖지 않은 비가 존재한다면, '그런 비'가 '내림이라는 작용'을 할 수 있을 것이다. 그러나 내림이라는 작용이 없으면 비는 존재하지 않는다. 내림이라는 작용이 없으면 존재할 수 없는 비가 어떻게 내림이라는 작용을 할 수 있겠는가?
  · 오온을 취하지 않은 여래가 존재한다면, 그런 여래가 오온을 취할 수 있을 것이다. 그러나 오온을 취하지 않은 여래는 존재하지 않는다. 오온을 취하지 않으면 존재할 수 없는 여래가 어떻게 오온을 취할 수 있겠는가?

《금강경》에는 다음과 같은 구절이 있다.

만일 겉모습으로 나를 보려 하든지,

음성으로 나를 찾으려 하는 사람은

그릇된 길을 가는 사람이니

여래를 볼 수 없느니라.

若以色見我 以音聲求我 是人行邪道 不能見如來.

— 제26 법신비상분(法身非相分)

여래이신 부처님의 모습이나 음성을 부처인 줄 알았던 사람은, 부처를 제대로 본 것이 아니란 의미이다. 불전에서는 부처님의 몸에는 서른두 가지 특징[三十二相]이 갖추어져 있다고 한다. ① 발바닥이 평평하고, ② 몸은 금빛이며,…… ㉓ 치아가 가지런하고,…… ㉗ 혀는 길고 넓으며, ㉘ 목소리가 청아하고,…… ㉜ 정수리에는 살 상투가 있다. 그러나 이는 부처님의 외모[色蘊]일 뿐이다. 나의 겉모습이 참된 내가 아니듯이 부처님의 겉모습인 서른두 가지 특징 역시 참된 부처님일 수가 없다.

부처님의 오온 가운데 어느 하나를 부처님이라고 보는 사람에게는 오히려 갖가지 번뇌만 생길 뿐이다. '부처님께서 열반하신 다음에 어딘가 존재하는가, 존재하지 않는가?'라는 의문도 그런 무지로 인해 생긴 번뇌일 뿐이다. 이를 용수는 다음과 같이 지적한다.

잘못된 세계관에 사로잡혀

여래가 존재한다거나

여래가 존재하지 않는다고 분별하는 자는

열반에 대해서도 그렇게 분별하리라.

邪見深厚者 則說無如來 如來寂滅相 分別有亦非.

― MK. 22-13

사람들이 '여래가 살아 계실 때 존재한다든지, 존재하지 않는다'는 잘못된 생각을 갖고 있기에 '여래가 열반하신 다음에 어딘가 존재한다든지, 아예 존재하지 않는다'고 분별을 낸다는 의미이다. 앞에서 분석해 보았듯이 여래는 오온과 같다고 볼 수도 없고 다르다고 볼 수도 없다. 오온으로서 여래가 존재하는 것도 아니지만, 오온과 분리되어 여래가 존재하는 것도 아니다. 따라서 '부처님께서 살아 계실 때 존재한다거나, 존재하지 않는다는 생각'은 모두 거짓된 생각일 뿐이다. 위 게송에서 말하는 '잘못된 세계관'이다. 그리고 '부처님께서 열반하신 다음에 어딘가에 존재하는가, 존재하지 않는가?'라는 의문은 이런 잘못된 세계관에 토대를 둔 허구의 의문이다.

다시 설명해 보자. '부처님께서 돌아가신 다음에 어딘가에 존재하는가, 존재하지 않는가?'라는 의문은 '부처님께서 돌아가시기 전에는 확고하게 존재했다'는 생각에 토대를 두고 있다. 그러나 누군가가 확고하게 존재하기 위해서는 '변화하지 않는 무언가'가 있어야 한다. 그러나 모든 것이 무상하기에 부처님의 몸과 마음 역시 모두 변화한다. 다시 말해 부처님의 오온 모두가 변화한다. 또 앞의 게송에서 분석해 보았듯이 오온과 별도로 부처님이 존재하는 것도 아니다. 이렇게 '변하지 않는 그 무언가'가 전혀 없기에 살아 계신 부처님에 대해서도 '존재한다'고 말을 붙일 수가 없다. 무언가 확고하게 존재해야 그것이 사라질 수 있는 법인데, 원래 존재하는 것이 아니었다면 사라질 수조차 없을 것이다. 따라서 열반 후의 여래에 대해서도 존재한다거나 존재하지 않는다는 그 어떤 규정도 할 수가 없다.

제22 〈관여래품〉을 마무리하면서 용수는 다음과 같이 노래한다.

여래는 희론(戱論)을 넘어선 분인데,
사람들은 여래에 대해 희론한다.
희론은 지혜를 파괴하니
그들 모두 부처님을 보지 못한다.
如來過戲論 而人生戲論 戲論破慧眼 是皆不見佛.

― MK. 22-15

여래의 자성(自性)은
바로 세간의 자성이다.
여래는 자성이 없으며
세간도 자성이 없다.
如來所有性 卽是世間性 如來無有性 世間亦無性.

― MK. 22-16

희론이란 온갖 망상분별을 의미한다. 그리고 망상분별은 '① 어떠하다, ② 어떠하지 않다, ③ 어떠하면서 어떠하지 않다, ④ 어떠하지도 않고 어떠하지 않지도 않다'의 네 가지 형식의 판단[四句]으로 표현된다. 열반 이후의 부처님의 존재에 대해서도 사람들은 어딘가에 '① 존재한다, ② 존재하지 않는다, ③ 존재하면서 존재하지 않는다, ④ 존재하는 것도 아니고 존재하지 않는 것도 아니다'는 네 가지 판단 중 어느 하나를 선택하여 자신의 불교관으로 삼는다. 그러나 이들 모두 망상분별일 뿐이다. 이런 판단들의 사슬을 풀어헤쳐야 여래이신 부처님을 만날 수 있다.

위 게송에서 말하는 자성이란 '실체', 또는 '그 자체'를 의미한다. 여래 그 자체가 바로 우리가 사는 이 세상 그 자체이다. 여래가 열반 후에 '존재한다'든지 '존재하지 않는다'는 분별에서 벗어날 때 우리는 이 세상이 그대로 부처임을 깨닫게 된다. 그리고 여래에 대해 그 어떤 규정도 할 수 없었듯이, 이 세상에 대해서도 우리는 그 어떤 규정도 할 수 없다. 여래도 자성이 없고, 이 세상도 자성이 없다. 여래도 공하고 이 세상 모든 것도 공하기 때문이다.

14. 사성제에 대한 분석과 공견(空見)의 위험성

1) 사성제에 대한 분석

우리의 생각이 논리적으로 작동하기 위해서는 '① 개념 → ② 판단 → ③ 추리'라는 3단계의 과정을 거쳐야 한다. 먼저 갖가지 개념들을 설정하고, 그 다음에 그렇게 설정된 개념들을 연결시켜 판단을 작성하며, 마지막으로 그런 판단들을 나열하여 추리를 한다. 건축물에 비유하면, 개념은 벽돌에 해당하고, 판단은 기둥이나 벽, 추리는 집에 해당한다. 우리는 개념의 벽돌로, 판단의 기둥과 벽을 만들어, 추리의 집을 짓는 것이다. 이것이 우리의 생각이 작동하는 모습이다.

그러나 반논리(反論理)인 《중론》의 논리에서는 그런 과정 전체를 해체시킨다. ① '개념'의 경우 'A가 없으면 B가 없다'는 연기(緣起)의 법칙에 의거하여 그 독립적 실재성[自性]을 비판하고, ② '판단'의 경우 그에 대한 이해를 네 가지[四句]로 분류한 후 각각에서 논리적 오류를 지적해 내며, ③ '추리'의 경우는 '동등한 타당성을 갖는 상반된 추리'를 제시함으로써 그 보편 타당성을 비판한다.

지금까지 우리는 이 가운데 '개념'과 '판단'이 비판되는 방식에 대해 알아보았는데, 제24〈관사제품(觀四諦品: 사제에 대한 분석)〉에서는 '추리'의 문제를 다룬다. 사제(四諦)란 사성제(四聖諦)의 준말로 '네 가지 성스러운 진리'라는 뜻이다. 부처님의 가르침 전체는 이 사성제 속에 압축되어 있다. 사성제 가운데 첫째는 '모든 것은 괴로움[苦]일 뿐'이라는 점을 가르치는 고성제(苦聖諦)이고, 둘째는 '괴로움의 원인[集]'[30]에 대해 가르치는 집성제(集聖諦)이며, 셋째는 '괴로움의 소멸'에 대해 가르치는 멸성제(滅聖諦)이고, 넷째는 '괴로움을 소멸시키는 길'을 가르치는 도성제(道聖諦)이다.

불교 수행에 들어갈 경우 우리는 먼저 '모든 것이 무상하기에 아뜨만은 없으며, 따라서 모든 것은 고(苦)일 뿐이다'라는 사실을 철저히 자각해야 한다. 집(集)은 고의 원인이 되는 온갖 번뇌를 의미하고, 멸(滅)은 열반, 도(道)는 집을 끊고 열반에 이르는 수행법인 팔정도를 가리킨다. 고는 이해해야 하고[解], 집은 끊어야 하며[斷], 멸은 체득해야 하고[證], 도는 닦아야 한다[修].

지적이고 감정적인 온갖 번뇌가 생하기에 갖가지 괴로움이 생하고, 그런 번뇌가 멸하면 온갖 괴로움 역시 멸한다. 다시 말해 집이

---

30) 집(集)은 집기(集起)의 준말이다. 모든 괴로움[苦]은 실체가 있는 것이 아니라 '원인과 조건이 모여서[集] 발생[起]하는 것'이라는 의미에서 괴로움의 원인을 이렇게 '집기'라고 부른다.

발생하기에 고가 발생하고 집이 소멸하면 고가 소멸한다. 따라서 집인 온갖 번뇌를 소멸시키는 것이 불교 수행의 요체가 되며, 이렇게 번뇌를 제거할 경우 그 제거한 번뇌의 질과 양에 따라 수다원(須陀洹)에서 시작하여 사다함(斯陀含)·아나함(阿那含)을 거쳐 아라한(阿羅漢)에 이르기까지 차례차례 그 성자로서의 지위가 향상한다.

'수다원'이란 성자의 지위에 처음 들어간 수행자를 말하며, '사다함'은 내생에 한 번만 욕망의 세계[欲界][31]에 태어난 후에는 욕망을 떠난 세계[色界]에 태어나 그곳에서 아라한이 될 성자를 말한다. '아나함'은 내생에 직접 욕망을 떠난 세계에 태어나 그곳에서 수행하여 아라한이 될 성자를 말하며, '아라한'이란 완전히 깨달았기에 다시는 이 세계에서 윤회하지 않을 성자를 말한다.

이들을 '네 가지 결과를 획득했다'는 점에서 사과(四果)의 성자라고 부르며, 사과 각각의 직전 단계의 성자를 '사과를 지향한다'는 점에서 사향(四向)의 성자라고 부른다. 또 이런 사향사과의 성자를 승보(僧寶: 불교의 보물인 성자들)라고 부르고, 사성제의 가르침을 법보(法寶: 불교의 보물인 진리의 가르침), 이런 가르침을 최초

---

31) 불교에서 말하는 천상·아수라·인간·축생·아귀·지옥의 육도(六道)를 욕계(欲界)·색계(色界)·무색계(無色界)의 삼계(三界)로 재분류할 경우 아수라·인간·축생·아귀·지옥은 모두 욕계에 해당하고 천상은 욕계에 속하는 육욕천, 그리고 색계천과 무색계천으로 삼분된다. 욕계에 태어난 중생은 몸과 정신은 물론이고 남녀나 암수와 같은 성(性, sex)을 가지며, 색계에 태어난 중생은 몸과 정신만 갖고, 무색계의 중생은 삼매의 황홀경과 같은 정신적 경지만으로 살아간다. 어쨌든 이 모두는 궁극적으로 괴로운 윤회의 세계일 뿐이다.

로 펼치신 부처님을 불보(佛寶: 불교의 보물인 부처님)라고 부른다. 불보와 법보와 승보는 불교 내의 세 가지 보물이라는 의미에서 삼보(三寶)라고 한다. 이렇게 사성제·사향사과·삼보의 교리는 서로 유기적으로 얽혀 있다.

그런데《중론》제24〈관사제품〉에 등장하는 논적(論敵)은 지금까지 모든 것이 공함을 논증해 온 용수에게 다음과 같이 비난의 화살을 퍼붓는다.

> 만일 모든 것이 공하다면,
> 발생도 없고 소멸도 없다.
> 그렇다면 사성제도
> 존재하지 않는다는 오류에 빠진다.
> 若一切皆空 無生亦無滅 如是則無有 四聖諦之法.
>
> — MK. 24-1

'1. 부처님께 바치는 노래'에서 용수는 틀림없이 '발생하는 것도 없고[不生] 소멸하는 것도 없다[不滅]'고 선언한 바 있다. 또 '5. 발생에 대한 분석'에서도 '발생이 없음'을 논증한 바 있다. 따라서 발생도 공하고 소멸도 공하다. 아니 발생이나 소멸뿐만 아니라 모든 것이 공하다고 보아야 한다. 그런데 그렇다면 문제가 생긴다. 앞에서 설명했던 사성제의 가르침이 성립하기 위해서는 발생과 소멸이 모두 존재해야 하기 때문이다. 사성제는 고가 발생하는 원리와 고가 소멸하는 과정에 대한 가르침인데, 위의 게송에서 말하듯이 발생과 소멸이 모두 공하다면 사성제 역시 성립하지 않아야 할 것이다.

〈관사제품〉의 논적은 다시 다음과 같이 집요하게 비판한다.

사성제가 존재하지 않기에
고(苦)를 이해함과 집(集)을 끊음과
멸(滅)을 체득함과 도(道)를 닦음
모두 존재하지 않는다.
以無四諦故 見苦與斷集 證滅及修道 如是事皆無.

— MK. 24-2

그것이 존재하지 않기에
사과(四果)도 존재하지 않는다.
사과가 존재하지 않기 때문에
(사과에 오른 자도) 사향(四向)의 과정에 있는 자도
존재하지 않는다.
以是事無故 則無四道果 無有四果故 得向者亦無.

— MK. 24-3

만일 사향사과가 존재하지 않는다면
승보도 존재하지 않는다.
또 사성제가 존재하지 않기 때문에
법보도 존재하지 않는다.

若無八賢聖 則無有僧寶 以無四諦故 亦無有法寶.

— MK. 24-4

법보와 승보가 존재하지 않는데
어떻게 불보가 존재하겠는가?
이와 같이 그대는
삼보를 파괴한다.
以無法僧寶 亦無有佛寶 如是說空者 是則破三寶.

— MK. 24-5

이에 대한 반박은 〈관사제품〉 후반부에 등장하는데, 여기서 우리는 '추론적 사유에 대한 중관논리적 비판방식'을 읽을 수 있다. 용수는 위에 열거한 논적의 비판에 대해 다음과 같이 반박한다.

만일 모든 것이 공하지 않다면,
발생은 존재하지 않고 소멸도 존재하지 않으며
사성제가 존재하지 않는다는
오류에 빠진다.
若一切不空 則無有生滅 如是則無有 四聖諦之法.

— MK. 24-20

고를 이해함이 성립하지 않듯이
끊음과 체득함과 닦음도

또 사과(四果)도

성립하지 않는다.

如見苦不然 斷集及證滅 修道及四果 是亦皆不然.

— MK. 24-27

사과가 존재하지 않는다면

사과에 도달한 자도 없고 사향(四向)의 과정에 있는 자도 없다.

이런 여덟 가지 성인이 존재하지 않는다면

승보도 존재하지 않는다.

若無有四果 則無得向者 以無八聖故 則無有僧寶.

— MK. 24-29

사성제가 존재하지 않기 때문에

법보도 존재하지 않는다.

승보와 법보가 존재하지 않는다면

어떻게 불보가 존재하겠는가?

無四聖諦故 亦無有法寶 無法寶僧寶 云何有佛寶.

— MK. 24-30

 자세히 읽어 보면 이런 용수의 반박문들은 앞에 인용했던 논적의 비판 가운데 MK. 24-1에 쓰인 조건문만을 반대로 기술해 놓은 것임을 알 수 있다.

 그래서 논적의 비판과 용수의 반박은 다음과 같이 종합되고 요약된다.

논 적	용 수
모든 것이 공하다면 삼보가 파괴된다.	모든 것이 공하지 않다면 삼보가 파괴된다.

그리고 이를 인도 논리학(印度論理學)의 추론[32] 형태로 바꾸면 다음과 같다.

논적의 공격	용수의 반박
주장: 삼보가 파괴된다. 이유: 모든 것이 공하기 때문에	주장: 삼보가 파괴된다. 이유: 모든 것이 공하지 않기 때문에

용수는 '논적과 주장은 동일하지만, 근거가 상반된 추론'을 제

---

32) 인도 논리학에서는 삼단논법을 다음과 같은 방식으로 구성한다.
 · 주장: 소크라테스는 죽는다.
 · 이유: 사람이기 때문이다.
 · 실례: 마치 제논처럼.
이를 아리스토텔레스 논리학의 삼단논법과 대비시키면 다음과 같이 기술할 수 있다.
 · 대전제: [모든 사람은 죽는다.] 마치 제논처럼.
 · 소전제: [소크라테스는] 사람이기 때문이다.
 · 결론: 소크라테스는 죽는다.

시함으로써 논적의 공격을 비판한다. 인도의 논리학 전통에서는 이런 식의 비판법을 '추론에서 과실(過失)을 발생시킨다'는 의미에서 '생과(生過, Jāti)'[33] 논법이라고 부르거나, 논적의 추론에 상응하는 반대 추론을 제시하여 논적의 추론을 오류로 몰고 간다는 의미에서 상응(相應, Prasaṅga) 논법[34]이라고 불렀다.

중관학의 견지에서 볼 때는, 그 어떤 추론식이 제시된다고 하더라도, 그것이 우리의 사유에 의해 구성된 것인 이상 그와 상반된 모습의 추론식이 작성 가능하다. 따라서 그 어떤 추론도 보편타당하다고 말할 수가 없다. 그래서 위의 예에서 보듯이 논적이 추론식을 제시하며 공성을 비판하자 용수는 그와 상반된 내용의 추론식을 작성해 보여 줌으로써 논적이 작성했던 추론식의 보편타당성을 비판했던 것이다.

이와 아울러 용수는 고·집·멸·도에 자성이 있다는 사고방식에 대해 하나하나 비판한다. 먼저 고에 자성이 있다는 생각에서 다음과 같이 논리적 오류를 지적한다.

> 연기(緣起)된 것이 아닌 고(苦)가
> 어떻게 존재하겠는가?
> 왜냐하면 '무상한 것은 고이다'라고 할 때
> 무상한 것에 자성은 존재할 수 없기 때문이다.

---

33) 《니야야 수뜨라(Nyāya sūtra)》, 제5장.
34) 《방편심론(方便心論)》, 대정장 32, p. 27c.

若不從緣生 云何當有苦 無常是苦義 定性無無常.

— MK. 24-21

논적은 '모든 존재는 공하지 않고 자성(自性)이 있다' 고 생각하는 사람이다. 자성은 '실체' 라고 풀이된다. 실체는 단일해야 하고 변하지 말아야 한다. 실체가 있는 것은 연기된 것이 아니다. 즉 자성이 있는 것은 원인과 조건에 의해 발생한 것이 아니다. 그러나 자성이 없는 것, 즉 연기된 것은 원인과 조건이 모이면 발생했다가 원인과 조건이 흩어지면 소멸한다.

삼법인의 가르침에서 '제행무상(諸行無常)' 이라고 할 때, 이는 '연기된 모든 것은 무상하다' 는 의미이다. 그런데 논적이 생각하듯이 고(苦)에 자성이 있다면, 고는 연기된 것이 아니란 말이 되고, 연기된 것이 아니라면 무상하지도 않아야 한다. 고가 공하지 않고 자성이 있다는 생각은 '모든 것은 무상하고, 무상하기에 무아이며, 무아이기에 고다' 라는 삼법인 또는 사법인의 가르침에 위배된다. 공을 부정하면 고성제(苦聖諦)를 부정하는 꼴이 된다.

이어서 용수는 '고가 자성을 갖는다고 볼 때 집성제 역시 파괴된다' 는 점에 대해 다음과 같이 논증한다.

만일 고(苦)가 확고한 자성을 갖는다면
어떻게 집(集)에서 발생하겠는가?
그러므로 공을 부정한다면
집은 존재하지 않는다.

若苦有定性 何故從集生 是故無有集 以破空義故.

— MK. 24-22

고(苦)가 자성을 갖는다면 고는 연기된 것이 아니란 말이고, 연기된 것이 아니란 말은 원인과 조건이 모여 발생한 것이 아니란 말이다. 사성제의 가르침에 의하면 집(集)이 원인이 되어 결과인 고가 발생한다. 다시 말해 갖가지 번뇌인 집이 원인이 되어 우리가 체험하는 갖가지 괴로움이 발생한다. 그러나 고가 자성을 갖는다면 고는 원인과 무관하게 존재한다는 말이 되기에 고의 원인인 집이 존재할 필요가 없게 된다. 논적이 생각하듯이 '고가 공하지 않고 자성을 갖는다'면 집성제가 파괴되고 만다. 고에 자성이 있다면 멸성제 역시 파괴된다.

용수는 다음과 같이 말한다.

만일 고가 확고한 자성을 갖는다면
소멸해서는 안 될 것이다.
자성에 집착하기에
그대는 멸성제를 파괴한다.
若苦有定性 則不應有滅 汝着定性故 卽破於滅諦.

— MK. 24-23

고가 자성을 갖는다면 소멸할 수도 없을 것이다. 자성을 갖는 것은 원인과 조건이 모여 발생한 것이 아니기에 원인과 조건이 흩어져 소멸하는 일도 있을 수 없다. 고가 자성을 갖는다고 볼 경우 멸성제 역시 파괴된다. 또 모든 것에 자성이 있다고 볼 경우 도성제 역시 파괴된다.

> 모든 것에 자성이 있다면
> 도를 닦는 일은 있을 수 없다.
> 그러나 만일 도를 닦을 수 있다면
> 도의 자성은 존재하지 않는다.
> 苦若有定性 則無有修道 若道可修習 卽無有定性.
>
> — MK. 24-24

우리는 도를 닦는 과정에서 우리를 윤회에서 벗어나지 못하게 만드는 인지적(認知的)이거나 감정적(感情的)인 번뇌들을 하나하나 제거해야 한다. 그에 따라 도(道)의 깊이가 깊어지면서 평범한 수행자에서 성자의 흐름에 들어가게 되어 먼저 수다원이 된 다음에, 수다원에서 사다함으로, 사다함에서 아나함으로, 아나함에서 아라한으로 그 지위가 점점 향상한다.

그런데 만일 모든 것이 자성을 갖는다면 수도(修道)의 각 단계 역시 자성을 가질 테니 어느 한 단계에서 다음 단계로 향상할 수가 없을 것이다. 각 단계에 실체가 있을 경우 그 각 단계를 벗어날 수 없기 때문이다. 수도의 각 단계가 자성을 갖는다면 도의 깊이가 깊어질 수 없을 것이다. 따라서 모든 것에 자성이 있다고 볼 경우 단계적 향상을 가르치는 도성제 역시 파괴되고 만다.

2) 공견의 위험성

이상에서 보듯이 논적은 '모든 것이 공하다고 볼 경우 삼보와 사성제가 파괴된다'고 비판했지만, 용수는 이와 반대로 '모든 것이 공하지 않다고 볼 경우 삼보와 사성제가 파괴된다'고 말하며 그 이유에 대해 하나하나 논증하였다.

그러면 논적은 어째서 '모든 것은 자성을 갖지 않는다'는 공사상에 대해 이런 오해를 하게 된 것일까? 이는 불교 교리 가운데 '이제(二諦)'의 가르침에 대해 무지하고 공(空)의 의미를 오해했기 때문이다. 이제란 '두 가지 진리'란 의미로 '있는 그대로의 참된 진리'를 의미하는 '진제(眞諦)'와 '상식에 부합하는 진리'를 의미하는 '속제(俗諦)'를 말한다.

이런 이제의 중요성에 대해 용수는 다음과 같이 노래한다.

모든 부처님들께서는
이제(二諦)에 의해 설법하신다.
첫째는 속제(俗諦)이고
둘째는 진제(眞諦)이다.
諸佛衣二諦 爲衆生說法 一以世俗諦 二第一義諦.

― MK. 24-8

이 이제의 구별을
모르는 사람들은

부처님의 가르침에 담긴

심오한 이치를 알 수가 없다.

若人不能知 分別於二諦 則於深佛法 不知眞實義.

— MK. 24-9

앞에서 논적은 '모든 것이 공하다면 사성제가 부정되고, 사향사과의 성인이 부정되고, 삼보가 부정된다' 고 비판하였다. 겉보기에 '모든 것이 공하다' 는 가르침과 '사성제·사향사과·삼보' 의 가르침은 상반된 듯하다. 전자는 모든 것의 실체를 해체하는 가르침이고 후자는 분별에 토대를 둔 가르침이기 때문이다. 만일 이 두 가지 가르침이 같은 차원에서 베풀어졌다면 '불교의 가르침에 모순이 있다' 는 비난을 피할 수 없을 것이다.

그러나 전자의 가르침은 '진제' 의 가르침이고, 후자의 가르침은 '속제' 의 가르침이다. 전자의 가르침은 '분별을 떠나 있는 그대로 본 참된 가르침' 이고, 후자의 가르침은 '일반인들의 분별적 사고방식에 맞추어 베풀어진 가르침' 이다. 두 가르침 모두 소중한 불교의 가르침이다. 진제의 가르침에서는 우리의 모든 분별적 사고를 해체시킨다. 그러나 속제의 가르침은 분별적 사고에 입각한 체계적 가르침이다.

그리고《중론》에서는 이 중 주로 진제의 가르침만을 논리적으로 증명하고 있다. '과거도 없고, 현재도 없고, 미래도 없다' 고 말하며 시간의 존재를 부정하는 가르침은 진제의 가르침이고, '수행자는 오후에 식사해서는 안 된다' 고 말하며 시간의 존재를 인정하는 가르침은 속제의 가르침이다. '선도 악도 없다'고 말하는 초윤리의 가르침은 진제이고, '악을 행하지 말고 착하게 살아야 한다'는 윤리적 가르침은 속제이다. 자아의 존재를 부정하는 무아의 가르침은 진제이고, 자아의 존재를 설정하는 윤회와 인과응보의 가르침은 속제이다. 진제와 속제 두 가지 모두 우리가 배우고 따라야 할 소중한 진리[諦, satya]들이다.

제24 〈관사제품〉의 논적은 이런 이제의 구분을 알지 못했기에, '모든 것이 공하다'는 진제의 가르침과 '사성제·사향사과·삼보' 등을 설하는 속제의 가르침을 서로 모순하는 것으로 착각했던 것이다.

'이제'의 구분을 모르고 《중론》을 공부할 경우 '진제'의 극단, '공의 극단'에 치우쳐 허무주의에 빠질 수가 있다. 이런 허무주의를 '공의 세계관'이라는 의미에서 '공견(空見)'이라고 부른다. 일상적·세속적 삶은 진제가 아니라 속제의 규범이 지배한다. 우리의 모든 행, 불행은 다 내가 만들어 가는 것이기에 우리는 항상 착하고 고결하게 살아야 하고, 수행자들은 열심히 수행을 하여 자신의 번뇌를 녹여야 하고, 모든 중생은 부처님을 우러르며 그 가르침대로 살아야 한다. 이것이 속제적 가르침이다. 그러나 공을 공부하고 공을 수행하다가 공을 제대로 파악하지 못하여 공견에 빠질 경우 모든 가치판단이 상실되어 선악의 구분을 무시하는 폐인이 되거나 위의 논적과 같이 공사상을 비판할 수 있다.

용수는 이런 공견의 위험성에 대해 다음과 같이 경고한다.

> 어리석은 사람들은 공을 올바로 이해하지 못해서
> 자기 스스로를 해친다.
> 주문을 잘못 외거나
> 독사를 잘못 잡는 것처럼……
> 不能正觀空 鈍根則自害 如不善呪術 不善捉毒蛇.
>
> — MK. 24-11

'선무당이 사람 잡는다'는 속담이 있다. 갖가지 주문을 외워 환자의 병을 치료하고 집안에 복을 불러오는 것이 무당의 역할인데, 설익은 무당이 주문을 잘못 욀 경우 병을 치료하기는커녕 더 악화시킬 수가 있고 집안에 복은커녕 화를 부를 수가 있다. 또 독사를 잡을 때 물리지 않기 위해서는 머리가 움직이지 않게 목을 꽉 쥐어야 한다. 실수로 다른 곳을 잡을 경우 독사는 목을 돌려 나를 물 것이다.

공의 진리도 이와 마찬가지다. 올바로 이해할 경우에는 우리를 지혜롭게 만들어 주고 삶과 죽음의 고민에서 우리를 해방시켜 주는 기사회생의 명약과 같은 역할을 하지만, 잘못 이해할 경우 독약이 되어 우리의 몸과 마음을 해칠 수가 있다. 위에서 설명했듯이 어리석은 사람은 공견에 빠진 허무주의자가 되어 속제를 무시할 경우 가치판단이 상실되어 막행막식하는 폐인이 될 수가 있다.

《반야경》의 공에 대해 해설하는 《대지도론(大智度論)》에서도 이런 위험성에 대해 다음과 같이 비유를 들어 설명한다.

소금을 모르는 산골 마을에 여행자가 왔는데 음식을 먹을 때 주머니에서 무언가를 꺼내어 음식에 뿌려 먹었다. 산골 마을 사람이 그것이 무엇이냐고 묻자 그는 '소금'이라고 대답했다. 이때 산골 마을 사람은 다음과 같이 생각하였다.

'저렇게 조금만 넣어도 음식에 맛이 나니, 소금이란 것은 그 맛이 기가 막히겠구나.'

그는 여행자에게서 소금을 빼앗아 입에 모두 털어 넣었다가 짜고 매워서 입안이 모두 헐었다.[35]

모든 것의 자성을 부정하는 공의 진리는 마치 음식에 넣어 먹는 소금과 같다. 우리는 소금만 먹고 살 수 없다. 그와 반대로 소금이 들어가지 않은 반찬은 제 맛이 나지 않는다. 반찬에 소금이 적절히 들어가야 음식은 제 맛을 내고 우리를 건강하게 만들어 준다. '연기' '사성제' '삼법인' 등의 가르침을 공부하고 이에 근거하여 수행을 할 경우도 이와 마찬가지다.

연기에 대한 경전의 설명, 사성제와 삼법인에 대한 경전의 설명을 확고부동한 진리라고 생각할 수 없다. 부처님의 가르침이라고 하더라도 그것이 언어에 의해 표현된 이상 논리적 오류를 범하게 된다. 이런 자각 아래서 부처님의 가르침을 우리 심성의 향상을 위한 도구로 사용할 때, 부처님의 가르침은 진가를 발휘한다. 다시 말해 분별적 언어에 의한 부처님의 가르침을 철저히 신봉하며 공

---

35) 《대지도론》, 대정장 25, p. 194a.

부하고 수행하되, 그것이 언어인 이상 내적 모순에서 벗어날 수 없다는 점 역시 철저히 자각하고 있어야 한다는 말이다. 여기서 전자는 속제적 실천이고 후자는 진제적 조망이다. 이렇게 모든 분별을 해체하는 진제와, 분별에 의해 불교적 세계를 구축하는 속제가 함께 하는 것이 올바른 불교 신행의 모습이다.

《중론》제13 〈관행품(觀行品)〉에서도 용수는 '진제적 조망을 속제적 규범으로 착각' 하는 공견(空見: 공의 세계관)의 위험성에 대해 다음과 같이 경고한다.

> 부처님께서는 갖가지 세계관[견해]에서 벗어나게 하시려고
> 공의 진리를 말씀하셨다.
> 그러나 만일 공을 다시 자신의 세계관으로 삼는 자가 있다면
> 어떤 부처님도 그런 자를 구제하지 못하신다.
> 大聖說空法 爲離諸見故 若復見有空 諸佛所不化.
>
> — MK. 13-9

공이란 마치 빨랫비누와 같다. 때로 얼룩진 옷을 빨 때 비누를 이용하여 때를 지운다. 그러나 때가 지워졌다고 해서 빨래가 다 끝난 것은 아니다. 때를 지우기 위해 사용했던 비눗기를 말끔히 헹구어 내야 한다. 공의 가르침 역시 이와 마찬가지다. 우리의 사고방식에 낀 갖가지 망상분별의 때를 씻어 내기 위해 공의 가르침에 의지하지만 그런 공의 가르침에 집착해서는 안 된다. 공의 가르침에 집착하는 것, 공을 세계관으로 삼는 것, 다시 말해 공견(空

見)을 갖는 것 역시 또 다른 망상분별일 뿐이다. 그래서 경전에서는 '공도 역시 공하다'고 가르친다.

'언어와 분별로 이루어진 불교의 모든 가르침은 마치 뗏목과 같은 것이기에 집착해서는 안 된다'는 점을 경고하고 논증하기 위해 공의 가르침이 나타났다. 그러나 이런 경고와 논증은 '공의 가르침' 그 자체에 대해서도 적용되어야 한다. 공의 가르침 역시 언어와 분별에 의해 표출된 것이기 때문에 또 다른 뗏목일 뿐이다.

그래서 용수는 '모든 것이 공하다'는 공의 가르침이 범하는 논리적 오류를 다음과 같이 드러낸다.

> 만일 공하지 않은 것이 있다면,
> 공한 것이 있으리라.
> 그러나 공하지 않은 것이 없는데
> 어떻게 공한 것이 있을 수 있겠는가?
> 若有不空法 則應有空法 實無不空法 何得有空法.
>
> — MK. 13-8

'모든 것이 공하다'는 말은 '공하지 않은 것은 전혀 없다'는 말과 그 의미가 같다. 그런데 공한 것이 있으려면 공하지 않은 것이 있어야 한다. 마치 긴 것이 있으려면 길지 않은 것, 즉 짧은 것이 있어야 하고, 호랑이라는 생각이 존재하려면 호랑이 아닌 것이 존재해야 하듯이…….

그런데 모든 것이 공하다면, '공하지 않은 것이 전혀 없다'는 말이기에 공이라는 말이 무의미해지고 만다. 모든 것에 대해 공하다고 말할 필요도 없어진다. 모든 것은 공할 것도 없다. 이것이 진정한 공의 의미이다. 공이라는 말에 의해 모든 것에 자성이 있다는 분별을 세척해 주지만, 공 역시 자성을 갖는 것이 아니라는 점을 가르쳐 주는 것…….

지금까지 우리는 우리의 분별이 만들어 낸 갖가지 세계관을 해체하는 데 공의 가르침을 사용하였다. 공의 논리, 다시 말해 중관 논리의 조명을 받을 때, 나와 나를 포함한 모든 것들에 실체가 있다는 잘못된 사고방식이 정화된다. 모든 것이 공하기에 우리가 갖고 있는 갖가지 분별은 부수어진다. 그러나 공은 이렇게 부수는 역할만 하는 것이 아니다. 모든 것이 공하기에 거꾸로 우리 앞에 세상만사가 쌓아지는 것이다. 모든 것은 공하지만, 공하기에 모든 것이 나타난다.

용수는 이를 다음과 같이 노래한다.

> 공의 이치가 있기 때문에
> 모든 존재가 성립할 수 있다.
> 만일 공의 이치가 없다면
> 그 어떤 존재도 성립하지 않는다.
> 以有空義故 一切法得成 若無空義者 一切則不成.
>
> — MK. 24-14

지금 내 방의 문이 닫혀 있다. 그러나 나는 그 문을 열 수 있다.

'문의 닫힘'이 공하기에 '문의 열림'으로 변할 수 있는 것이다. 만일 문의 닫힘이 공하지 않다면, 즉 실체가 있다면, 다시 말해 영원불변이라면 닫힌 문은 결코 열 수 없어야 할 것이다. '눈감음'이 공하기에 나는 눈을 뜰 수가 있고, '눈뜸'이 공하기에 나는 눈을 감을 수가 있다. 모든 것이 공하기에 바람이 불고 계절이 변하고 새가 날아가고 중생이 부처가 된다. 모든 것이 공하기에 이런 모든 일들이 가능한 것이다. 모든 것이 공하지 않다면 이런 일들은 일어날 수 없다. 공의 진리는 우리가 분별을 부수고 들어갈 때 만나게 되는 세상의 참 모습이기도 하지만, 그와 똑같이 우리가 체험하는 분별의 삼라만상을 가능하게 하는 진리인 것이다.

'무엇이 공하다[공]'는 말은, 앞에서 논적이 비판했듯이 사성제와 삼보를 파괴하는 훼불(毀佛)의 선언이 아니라, 그런 무엇이 '인연이 모여 이루어진 것[연기]'이며 '의존적으로 명명된 것[가명]'이기에 '이분법적으로 작동되는 우리의 극단적 사유가 미치지 못한다는 점[중도]'을 의미하는 말이다.

용수는 이를 다음과 같이 표현한다.

우리들은 연기(緣起)를
공성(空性)이라고 설한다.
그것[공성]은 의존된 가명(假名)이며
그것은 실로 중도(中道)이다.
衆因緣生法 我說卽是無 亦爲是假名 亦是中道義.
― MK. 24-18

우리가 체험하는 세상만사는 모두 연기된 것들이다. 따라서 모두 공한 것들이고 우리의 이분법적 사유가 미치지 못하는 것들이다. 공은 세상과 유리된 것이 아니라 세상 그 자체의 참 모습이다. 《반야심경》에서 "색즉시공 공즉시색(色卽是空 空卽是色)"이라고 선언하듯이…….

15. 십이연기에 대한 소개

총 27장으로 이루어진 《중론》 대부분에서 용수는 아비달마 교학을 비판하면서 우리의 분별적 사유를 해체하는 중관논리를 구사하는데, 유독 한 장에서만 중관논리를 전혀 구사하지 않고 불교교리에 대해 철저하게 분별적으로 해석하고 있다.[36]

그것이 제26 〈관십이인연품(觀十二因緣品: 십이연기에 대한 소개)〉이다. 십이인연, 즉 십이연기(十二緣起)란 생명체가 전생·현생·내생에 걸쳐 죽고 태어나는 과정, 행복과 불행을 겪는 원리, 살아가는 방식 등을 일목요연하게 정리해 놓은 부처님의 가르침이다.

모든 것이 연기적이기에 생명체의 삶도 연기 법칙의 지배 아래 있다. 그리고 모든 생명체는 열두 단계를 거치며 윤회하는데 이들

---

36) 아비달마 교학에 대한 《중론》의 비판은 아비달마 교학을 전적으로 부정하기 위한 것이 아니라, 아비달마 교학을 대하는 잘못된 태도, 즉 실체론적 태도를 시정하는 데 그 목적이 있었기에, 십이연기설을 포함한 아비달마적인 모든 가르침은 불교를 이해하고 수행하는 데 사용되는 도구적 교설로서 소중한 가치를 갖는다.

각 단계를 순서대로 배열하면 다음과 같다.

① 무명(無明) → ② 행(行) → ③ **식**(識) ↔ ④ **명색**(名色) → ⑤ 육입(六入) → ⑥ 촉(觸) → ⑦ 수(受) → ⑧ 애(愛) → ⑨ 취(取) → ⑩ 유(有) → ⑪ 생(生) → ⑫ 노사(老死)

지금 살아 있는 모든 생명체들은 이 세상이 돌아가는 이치를 모르는 어리석음[① 무명] 때문에 무수한 전생 동안 갖가지 업[② 행]을 짓는다. 그리고 그런 업들은 하나하나가 씨앗처럼 응결되어 우리의 마음[③ 식]에 저장되는데, 우리가 전생에 죽었다가 현생에 다시 태어날 때 그런 업의 씨앗들을 가진 영혼이 어머니 자궁 속의 수정란과 결합되어 태아[④ 명색]로 자라난다. 그리고 임신 후 5주가 되면, 태아에 눈·귀·코 등의 여섯 가지 지각기관[⑤ 육입]이 형성된다. 그 후 열 달이 지나 어머니의 자궁 밖으로 나오면 외부의 대상들을 지각[⑥ 촉]할 수 있는 능력이 생기게 되어, 그 후 다시 죽을 때까지 갖가지 괴로움과 즐거움을 느끼면서[⑦ 수] 살아간다. 여기서 무명과 행은 전생에 심은 '원인'에 해당하고, 식·명색·육입·촉·수는 현생에 받는 '결과'에 해당한다. 우리는 전생에 지었던 '원인'대로 몸을 받아 행, 불행이라는 '결과'를 체험하며 살아가는 것이다.

이상과 같이 ① '무명'에서 시작하여 ⑦ '수'에 이르기까지의 과정은 전생과 현생 간의 인과 관계에 대한 조망이다. 그리고 이후 ⑧ '애'에서 ⑫ '노사'까지의 과정은 현생과 내생 간의 인과 관계에 대한 조망이다.

우리는 평생을 살면서 우리에게 체험되는 것들 가운데 좋은 것은 추구하고, 나쁜 것은 배척한다. 이런 마음이 욕망이다. 그런데 우리의 욕망은 성(性)에 눈을 뜨는 사춘기에 이르러 강력해진다. 사춘기 이후, 성욕·재물욕·명예욕·종교적 욕망 등이 모두 강력해진다⑧ 애]. 그리고 구체적인 세계관이나 종교관의 틀[⑨ 취]을 자신의 인생관으로 삼아 제각각의 방식으로 이런 욕망을 성취하면서 평생을 살아간다[⑩ 유]. 그러나 그런 삶이 욕망을 버린 삶이 아니기에 우리는 해탈하지 못하고 내생에 다시 태어난다[⑪ 생]. 그리고 또 다시 늙어 죽는다[⑫ 노사].

이렇게 전생과 현생의 인과 관계와 현생과 내생의 인과 관계로 십이연기를 설명하는 방식을 삼세양중인과설(三世兩重因果說)이라고 부른다. 전생·현생·내생을 모두 포괄하기에 삼세(三世)이며, 인과 관계가 두 번 중복되기에 양중인과(兩重因果)인 것이다.

또 십이연기의 이런 각 항목들은 지금 이 순간에 함께 작용하기도 한다. 지금 이 순간의 나는 무한한 전생에서 시작한 ① 무명에 덮여 있고, 전생에 지었던 나의 모든 행위[② 업]들은 마치 밭에 뿌려진 씨앗과 같이 발아를 기다리며 지금 이 순간의 나의 마음[③ 식] 속에 간직되어 있으며, 어머니의 자궁 속에서 형성[④ 명색]된 후 지금까지 성장해 온 나의 몸은 임신 5주째의 태아 상태에서 생성되었던 여섯 가지 지각기관[⑤ 육입]을 모두 갖고 있다. 출산 후 비로소 열린 지각기관은 지금도 그대로 작용하고 있고[⑥ 촉], 그런 지각기관을 통해 온갖 희로애락을 느끼며[⑦ 수] 살아간다. 그와 아울러 사춘기 때부터 시작하는 강력한 욕망[⑧ 애]이 지금도 끊임없이 분출되고, 그런 욕망을 실현시켜 주는 구체적인 인생관[⑨ 취]에 따라 매일 매일을 살아간다[⑩ 유]. 전생의 나도 태어났다 죽었지만, 현생에 태어난 나도 결국 죽을 것이고, 내생에 태어날[⑪ 생] 나도 결국 죽을 것이다[⑫ 노사].

십이연기의 각 항목들은 전생과 현생과 내생에 걸쳐 펼쳐져 있기도 하지만, 이렇게 지금 이 순간에 동시에 쌓여 있기도 하다. 이런 열두 가지 항목 가운데 ① 무명과 ② 행은 전생에 심은 원인에 해당하고, ③ 식·④ 명색·⑤ 육입·⑥ 촉·⑦ 수는 현생에 받을 결과에 해당하며, ⑧ 애와 ⑨ 취와 ⑩ 유는 현생에 심는 원인에 해당하고, ⑪ 생과 ⑫ 노사는 내생에 받을 결과에 해당한다.

그러면 이상과 같은 기초 지식의 바탕 위에서 제26 〈관십이인연품〉에 기술된 십이연기에 대한 용수의 설명을 하나하나 풀이해 보자.

> 모든 중생은 ① 무명(無明)에 덮여
> 내생을 위해 세 가지 ② 업(業)을 짓는다.
> 그리고 그 업에 따라
> 육도(六道)로 간다.
> 衆生癡所覆 爲後起三行 以起是行故 隨行墮六趣.
> — MK. 26-1

여기서 ① 무명이란 무지(無知)라고도 번역되며 위에서 설명했듯이 어리석음을 의미한다. 무엇이 악한 행동인지 모르고 무엇이 선한 행동인지도 모르며, 사성제도 모르고, 삼보도 모르는 것이 무명이다. 한마디로 말하면 이 세상의 참 모습과 이 세상이 돌아가는 이치를 전혀 모르는 것이 무명이다.

그리고 이런 어리석음 때문에 갖가지 ② 업을 짓게 된다. 업이란 행위를 의미하며 행(行)이라고도 부른다. 가치론적으로 볼 때에는 복행(福行)·비복행(非福行)·부동행(不動行)의 셋으로 나누어지고, 행위가 일어나는 장소로 구분하면 몸으로 짓는 행위[身業], 입으로 짓는 행위[口業], 생각으로 짓는 행위[意業]의 셋으로 구분된다. 이 가운데 '복행'이란 착하고 고결한 행위를 의미하고, '비복행'이란 악하고 비열한 행위를 의미하며, '부동행'이란 색계나 무색계에 태어나게 만드는 선정을 가리킨다.[37] 몸과 입과 생각으로 짓는 세 가지 행위 각각이 다시 복행·비복행·부동행의 세 가지로 구분되기에 모두 아홉 가지 행위가 있게 된다. 그리고 복행과 비복행의 양과 질에 따라 내생에 천상·인간·아수라·짐승·아귀·지옥의 여섯 가지 세계[六道] 가운데 어느 한 곳에 태어난다.

② 행(行)들을 조건으로 삼는
③ 식(識)이 육도의 몸을 받는다.
식이 부착되기에

---

37) 색계와 무색계에 태어나려면 색계와 무색계의 선정(禪定)을 성취해야 한다. 즉 욕계의 수준으로는 색계·무색계로 이동할 수 없기에 부동이라고 부른다.

④ 명색(名色)이 자라난다.

以諸行因緣 識受六道身 以有識著故 增長於名色.

― MK. 26-2

그 어떤 행위[行]를 하더라도 우리의 마음[識]에 그 행위가 새겨진다. 내가 기억을 못해도 우리의 깊은 마음은 지금까지 평생 내가 한 행위 모두를 저장하고 있다. '빈손으로 왔다가 빈손으로 가는 것이 인생'이란 말이 있다. 그러나 이는 '손'에만 해당하는 얘기다. 우리가 태어나고 죽을 때 손은 비어 있을지 몰라도 우리의 '마음[식]'은 가득 차 있다. 우리가 태어날 때 우리의 마음은 전생에 지었던 행위의 씨앗으로 가득 차 있고, 우리가 죽을 때에는 현생에 지은 행위의 씨앗으로 가득 차 있다. 우리가 태어나면 그런 씨앗들이 하나하나 싹을 틔우고 꽃을 피우며 우리가 체험하는 일평생의 길흉화복으로 나타나는 것이다.

위 게송에서 "② 행(行)들을 조건으로 삼는 ③ 식(識)"이란 말은 나의 행위 하나하나가 나의 마음에 저장되는 과정을 의미하며, "③ 식(識)이 육도의 몸을 받는다."는 말은 그렇게 저장된 행위의 씨앗이 싹을 틔울 세계에 우리가 태어나는 것을 가리킨다. 평생 착하고 고결하게 살았다면 육도 중 하늘나라나 인간계에 태어나고, 악하고 저열하게 살았다면 짐승이나 아귀·지옥 중생으로 탄생한다. 인간을 예로 들면, 어머니의 자궁 속에서 정자와 난자가 결합하여 수정란이 될 때 그 수정란에 식(識)이 부착되는 것이 탄생의 순간이다. 이 식은 사망과 탄생의 중간에 있는 존재란 의미에서 중음신(中陰身)이라고 불리기도 한다. 중음신 역시 오온을 모두 갖추고 있긴 하지만, 우리의 몸에 해당하는 색온(色蘊)이 희박하고 미세하기에 일반인의 눈에는 보이지 않는다고 한다. 사람이 죽으면 이런 중음신으로 떠돌다가 49일째 되는 날 어머니의 자궁 속으로 들어간다. 우리의 전통 장례의식 중 하나인 '49재'는 이런 내세관에서 유래한 것이다.

식(識)이 자궁 속에 들어가 수정란에 부착되면, 그 수정란은 하나의 생명으로서 성장하기 시작한다. 이때 식이 부착된 수정란을 ④ 명색(名色)이라고 부른다. 명(名)이란 정신을 의미하고 색(色)이란 육체를 의미한다. DNA라는 물질 덩어리[色]였던 수정란에 식[名]이 부착됨으로써 비로소 생명이 탄생하게 되는 것이다. 위 게송에서 "식이 부착되기에 ④ 명색(名色)이 자라난다."는 말은 이를 의미한다. 정자와 난자가 결합하여 수정란이 생겨도 그에 맞는 중음신이 없으면 그 수정란은 생명으로 자라나지 못하고, 중음신이 있어도 수정란이 없으면 그 중음신은 새로운 생명을 받을 수가 없다. 이렇게 중음신과 수정란은 상호의존 관계에 있다.

그래서 경전에서는 "식이 있기에 명색이 있고 명색이 있기에 식이 있다[식 ↔ 명색]."[38]고 가르치는 것이다.

④ 명색이 자라나기에
⑤ 육입이 발생한다.

---

38) 《중아함경(中阿含經)》, 대정장 1, p. 579c~580a.

육입에 의존하여

⑥ 촉이 나타난다.

名色增長故 因而生六入 情塵識和合 而生於六觸.

— MK. 26-3

식이 부착된 수정란, 즉 ④ 명색은 탯줄을 통해 영양을 공급받으며 자궁 속에서 성장한다. 《구사론》에서는 임신 5주가 될 때까지 성장하는 명색에 대해 단계별로 다음과 같이 명명한다.

제1주: 갈랄람(羯剌藍, Kalala)

제2주: 알부담(頞部曇, Arbuda)

제3주: 폐시(閉尸, Peśī)

제4주: 건남(鍵南, Ghana)

제5주 이후: 발라사구(鉢羅奢佉, Praśākhā)

임신 제5주가 되어 발라사구 단계의 태아가 되면 비로소 눈·귀·코 등 여섯 가지 지각기관, 즉 ⑤ 육입(六入)이 분화되기 시작한다. 그리고 10개월이 차면 어머니의 몸 밖으로 나온다. 그 후 어린아이의 모든 지각기관은 대상과의 ⑥ 접촉(觸)을 시작한다. 눈은 형상과 접촉하고, 귀는 소리와 접촉하며, 코는 냄새와 접촉하고, 혀는 맛과 접촉하며, 몸은 촉감과 접촉하고, 생각하는 작용은 생각된 내용과 접촉한다. 이렇게 여섯 가지 지각기관이 여섯 가지 지각대상과 접촉하는 과정을 위 게송에서는 "육입에 의존하여 촉이 나타난다."고 표현하였다.

> 여섯 가지 ⑥ 촉(觸)으로 인해
> 세 가지 ⑦ 수(受)가 발생한다.
> 세 가지 수로 인하여
> ⑧ 애(愛)가 발생한다.
> 因於六觸故 卽生於三受 以因三受故 而生於渴愛.

― MK. 26-4

여섯 가지 지각기관 가운데 눈을 예로 들어 설명해 보자. 시각대상인 형상과 색깔이 눈과 만났다고 해서 무엇이 눈에 보이는 것은 아니다. 정신인 식(識)이 관여해야 한다. 이렇게 시각대상인 색과 시각기관인 눈과 정신인 식의 세 가지가 합쳐질 때 비로소 우리는 무엇을 보게 된다. 지각기관과 지각대상 그리고 그 각각에 해당하는 식(識)의 세 가지가 합쳐지는 것을 '촉(觸)'이라고 부른다. 지각기관에 눈·귀·코·혀·몸·작용의 여섯 가지가 있기에 촉도 그 종류가 여섯 가지로 된다.

그리고 이런 촉이 발생할 때, 우리는 그것에서 괴롭거나 즐거운 ⑦ 느낌[受]을 받게 되는 것이다. 위 게송에서 말하듯이 "여섯 가지 ⑥ 촉(觸)으로 인해 세 가지 ⑦ 수(受)가 발생한다." 수의 단계에서는 아직 그것이 구체적으로 무엇인지 모른다. 단지 괴롭다거나 즐겁다거나, 괴롭지도 즐겁지도 않다고 느낄 뿐이다. 이를 각각 고수(苦受: 괴로운 느낌)·낙수(樂受: 즐거운 느낌)·불고불락수(不苦不樂

受: 괴롭지도 즐겁지도 않은 느낌)라고 부른다. 그런데 우리는 이런 세 가지 느낌[受] 가운데서 낙수, 즉 즐거운 느낌이 드는 것을 좋아하고 괴로운 느낌이 드는 것을 싫어한다.

이렇게 좋아하고 싫어하는 마음속의 에너지가 ⑧ 애(愛: 욕망)이다. 이런 '애'는 위의 게송에서 말하듯이 세 가지 '수'로 인해 발생한다. '물건을 보면 마음이 동한다[見物生心]'는 속담에서 물건을 보는 것은 수[느낌]에 해당하고 마음이 동한다는 것은 애[욕망]에 해당한다고 볼 수 있을 것이다. 그런데 애에는 식욕이나 성욕과 같이 욕계의 차원에 속하는 욕망도 있지만, 내생에 색계나 무색계와 같은 하늘나라에 태어나고 싶은 욕망도 있다. 거꾸로 삶이 너무 괴로워서[39] 자살하고 싶은 욕망도 있다. 이를 순서대로 욕애(欲愛)·유애(有愛)·무유애(無有愛)라고 부른다.

⑧ 애(愛)로 인해 네 가지 ⑨ 취(取)가 존재하며
취로 인해 ⑩ 유(有)가 존재한다.
만일 취하는 자가 취하지 않으면
해탈하여 유는 존재하지 않으리라.
因愛有四取 因取故有有 若取者不取 卽解脫無有.

― MK. 26-5

---

39) 이때의 괴로움은 상대적 괴로움이기에 자살을 해도 그 이전보다 더 불행한 상태로 다시 태어나게 된다. 수행을 통한 열반만이 우리를 이 윤회의 세계에서 영원히 벗어나게 해 준다.

욕애·유애·무유애의 세 가지 ⑧ 욕망[愛]이 보다 구체적으로 변하면 ⑨ 취(取)가 된다. 취에는 욕애가 구체화된 노골적인 욕취(欲取), 욕망의 실현을 위해 나름대로 어떤 세계관을 갖는 견취(見取), 각종 종교에서 가르치는 수행규범이나 의식절차를 준수하려는 계금취(戒禁取), 각종 종교에서 가르치는 자아관을 신봉하는 아어취(我語取)의 네 가지가 있다.

그리고 이런 취에 입각하여 살아가는 것이 ⑩ 유(有)이다. 유란 생존이란 의미로, 내생을 위해 특정한 방식의 삶을 살아가는 것을 의미한다. 예를 들어 성욕·식욕·재물욕·명예욕·수면욕 등의 오욕락을 전혀 버리지 못한 채 살아가는 사람은 내생에 삼계 가운데 욕계에 태어난다. 죄업을 많이 짓는 경우는 욕계 중 삼악도인 축생·아귀·지옥의 세계에 태어나며, 오욕락을 버리지 못했어도 남에게 많이 베풀고 윤리 도덕을 잘 지키며 고결하게 살아가는 사람은 욕계 가운데 인간계나 육욕천(六欲天)[40]의 하늘나라에 태어난다.

또 색계의 하늘나라에 태어나고 싶은 사람은 이성에 대해 관심이 없고, 음식에 대해 욕심을 내지 않으며, 항상 남에게 즐거움을 주고[慈], 남의 슬픔에 공감하여 이를 제거해 주기 위해 노력하며[悲], 남의 행복에 대해 기뻐하고[喜], 나와 남을 평등하게 보는[捨] 마음[41]을 완성하거나 좌선(坐禪) 수행을 하여 어느 정도의 경지[42]에 오를 수 있어야 한다.

---

40) 사왕천·도리천·야마천·도솔천·화락천·타화자재천.

무색계에 태어나고 싶은 사람은 색계의 선정을 완성함은 물론이고 그보다 더 깊은 삼매를 닦으며 살아가야 한다. 이런 삶을 순서대로 욕유(欲有: 욕계를 초래하는 삶)·색유(色有: 색계를 초래하는 삶)·무색유(無色有: 무색계를 초래하는 삶)라고 부른다.

그러나 욕계든 색계든 무색계든 모두 윤회의 세계일 뿐이다. 착하고 고결하게 살고 열심히 명상 수행을 하여 삼계 가운데 그 어디에 태어났다고 해도 자신이 쌓은 선행과 수행의 힘이 다하면, 수십, 수백, 수천 년 후 반드시 다시 밑의 세계로 떨어지고 만다. 따라서 불전에서는, 모든 생명체의 최종 목표는 내생에 하늘나라에 태어나는 것이 아니라, 하늘나라든 인간의 세계든 아예 윤회의 세계에 들어오지 않는 것이 되어야 한다고 가르친다.

그러기 위해서는 내생에 삼계에 다시 태어나게 만드는 방식의 삶을 살아서는 안 될 것이다. 다시 말해 욕계를 초래하는 삶이든, 색계를 초래하는 삶이든, 무색계를 초래하는 삶이든 그 어떤 방식도 취하지 않아야 한다. 그리고 이를 위해서는 취(取)를 제거해야 한다. 왜냐하면 취에 의존하여 삼계를 초래하는 유(有: 특정한 방식으로 살아감)가 있는 것이기 때문이다. 취를 제거하기 위해서는 욕망을 구체화한다든지[욕취], 어떤 세계관을 고집한다든지[견취], 특정 종교의 규범이나 의식을 추종한다든지[계금취], 아뜨만과 같은

---

41) 이를 사무량심(四無量心)이라고 부른다. 무한한 모든 중생을 대상으로 삼기에 무량이라고 명명하며, 이 마음을 갖출 경우 색계 초선천인 범천(梵天)의 세계에 태어나게 되기에 사범주(四梵住)라고 부르기도 한다.
42) 몸의 즐거움(樂)과 마음의 기쁨(喜)이 모두 느껴지는 초선(初禪)의 단계.

자아가 있다는 생각을 갖는다든지[아어취] 해서는 안 된다. 이런 네 가지 취가 사라질 때 유(有)도 사라지고 해탈하여 다시는 윤회의 세계에 태어나지 않는다. 앞의 게송에서 말하듯이 "취하는 자가 취하지 않으면 해탈하여 유는 존재하지 않을 것이다." 이것이 해탈이고 열반이다.

십이연기의 흐름에서 우리가 조절하기 쉬운 것은 '애·취·유'의 세 가지이다. 앞의 '무명과 행'은 전생에 발생한 것이고, '식과 명색과 육입과 촉과 수'는 전생에 지었던 업의 과보로 현생에 받은 것이기 때문에 조절이 쉽지 않다. 그러나 '현생에 짓는 것'인 '애·취·유'의 세 가지는 현생에 우리의 마음 밭에 심는 씨앗과 같은 것들이기에 우리가 마음먹기에 따라 쉽게 조절된다. 그리고 우리의 분별적 사고방식을 비판하는 《중론》은 이 세 가지 가운데 취(取)에 해당하는 갖가지 세계관이나 자아관을 정화하고 제거하는 데 도움을 준다.

그러나 취를 제거하지 못하면, 우리는 삼계를 초래하는 삶[有]을 살게 되고, 결국 다시 태어나[生] 늙어 죽는 일[老死]을 되풀이한다.

⑩ 유로부터 ⑪ 생이 존재하며
생으로부터 ⑫ 노사가 존재한다.
노사가 있기에
근심과 슬픔 등 갖가지 고가 있게 된다.
從有而有生 從生有老死 從老死故有 憂悲諸苦惱.

― MK. 26-6

석가모니 부처님은 어린 시절 왕궁 밖을 유람할 때, 노인과 병자와 시체를 보고는 깊은 슬픔에 잠겼다가 수행자의 맑은 모습을 보고 환희심을 내어 출가를 결심하게 된다. 아무리 젊고 아름답고 건강한 사람도 나이가 들면 늙고 병들어 죽는다. 이는 비단 사람뿐만 아니라, 짐승이든 하늘나라에 사는 천신이든 모든 생명체가 겪어야 하는 피할 수 없는 숙명이다. 모든 생명체는 탄생과 늙음과 질병과 죽음[生老病死]을 무한히 되풀이한다. 그래도 인간으로 태어나면 큰 불행을 겪지 않을 수 있다. 그러나 온 우주 가득히 존재하는 무한수의 생명체가 끝없이 삶과 죽음을 되풀이하는 윤회의 세계에서 60억 명 정도에 불과한 인간으로 태어나는 일은, '눈먼 바다거북이 나무판자를 만나는[盲龜遇木]' 비유에서 가르치듯이 지극히 희귀한 일이다.

현생에 아주 착하게 살지 않는 이상 전 인류 대부분은 내생에 짐승 이하의 상태로 태어난다. 짐승의 삶이 생명의 세계에서 평균적 삶이기 때문이다. 이런 절대적 고(苦)에 대한 자각이 깊을 때, 우리는 다시 태어나지 않는 열반을 희구하게 된다. 다시 태어나지 않는다는 것은 다시는 십이연기의 열두 가지 사슬을 되풀이하지 않는다는 것을 의미한다.

그러기 위해서는 십이연기 가운데 제일 첫 번째 사슬인 무명을 끊어야 한다. 어리석음을 제거해야 한다. 용수는 다음과 같이 말한다.

이런 모든 것들은

다 태어남[生] 때문에 존재한다.

그리고 이로 인해

오직 고(苦)뿐인 오온이 발생한다.

如是等諸事 皆從生而有 但以是因緣 而集大苦陰.

— MK. 26-7

무명에 물든 자는

윤회의 뿌리인 갖가지 업을 짓는다.

그러나 지혜로운 자는 진실을 알기에

그런 업을 짓지 않는다.

是謂爲生死 諸行之根本 無明者所造 智者所不爲.

— MK. 26-8

이것이 소멸하면

저것은 발생하지 않는다.

그래서 오직 고뿐인 오온

역시 제대로 사라진다.

以是事滅故 是事則不生 但是苦陰聚 如是而正滅.

— MK. 26-9

　우리가 살아가면서 겪는 모든 고통들, 그리고 앞으로 닥치게 될 늙음과 질병과 죽음의 고통 모두 그 근본 원인은 우리가 태어났다는 데 있다. 모든 생명체는 오온으로 이루어져 있기에 고(苦)에서 벗어날 수 없다. 오온은 매 찰나 변한다. 오온은 모두 생로병사한다. 따라서 오온 가운데서 우리가 부여잡고 쉴 만한 곳은 찾을 수 없다. 오온 가운데 어느 하나에 안주하는 것이 아니라 오온에서 벗어나는 것만이 영원한 행복, 영원한 안락의 길이다. 이것이 열반이다.

오온은 궁극적으로 모두 고를 야기할 뿐이라는 윤회의 진상[苦]을 훤히 알고, 우리로 하여금 윤회에서 벗어나게 해 주는 '윤리[戒]'와 '명상[定]'과 '지혜[慧]'의 수행인 팔정도[道][43]를 그대로 실천하여 윤회의 원인인 모든 번뇌[集]를 끊을 경우 우리는 열반[滅]에 도달하여 더 이상 윤회의 고통을 겪지 않을 수 있는 것이다. 연기공식에서 말하듯이 '이것이 사라지면 저것은 발생하지 않는다.' 십이연기의 사슬에서 제일 처음에 위치한 무명이 사라지면 윤회하는 오온의 세계는 더 이상 발생하지 않는다.

무명을 제거한 지혜로운 수행자는 더 이상 업을 짓지 않는다. 인과응보의 세계에서 고를 초래할 악행도 하지 않지만, 수행자로서 착하고 고결하게 살아가는 동안에도 업을 지었다는 생각을 하지 않는다. 착한 일을 하지만 티가 나지 않는다는 말이다. 모든 것이 공하기 때문이다. 해도 하는 것이 없다. 베풀긴 하지만 베풀었다는 생각이 없다. 오른손이 한 일을 왼손도 모를 뿐 아니라 오른손

---

43) '여덟 가지 올바른 길'을 의미하는 팔정도는 ① 올바른 세계관[正見], ② 올바른 생각[正思], ③ 올바른 말[正語], ④ 올바른 행위[正業], ⑤ 올바른 생활[正命], ⑥ 올바른 노력[正精進], ⑦ 올바른 마음 단속[正念], ⑧ 올바른 삼매[正定]이다. 이 가운데 ③·④·⑤는 계, ⑥·⑦·⑧은 정, ①·②는 혜와 관계된다.

자신도 모른다. 마치 어머니가 다친 자식을 간호할 때와 같이 착한 일을 하고도 자신이 착한 일을 했다는 생각을 내지 않는다. 이것이 무명을 타파한 지혜로운 자가 살아가는 모습이다.

16. 윤회에 대한 잘못된 견해에 대한 분석

앞에서 '1. 부처님께 바치는 노래'에 대해 해설할 때 잠깐 소개한 바 있지만, 부처님께서는 몇 가지 형이상학적 질문들에 대해 답변을 하지 않으셨는데 이를 무기설(無記說: 침묵의 설법)이라고 부른다. 이렇게 부처님을 침묵하시게 만든 물음들 중 대표적인 것들을 나열하면 다음과 같다.

① 이 세상과 자아는 상주하는가, 무상한가, 상주하면서 무상한가, 상주하지도 않고 무상하지도 않은가?
② 이 세상과 자아에 한계가 있는가, 없는가, 있으면서 없는가, 있는 것도 아니고 없는 것도 아닌가?[44]

---

44) 우리가 죽게 될 때 우리 눈에 비친 세상의 모습도 사라진다. 엄밀히 말해 우리가 살던 세상도 끝나고 만다. 다시 말해 자아가 끝날 때 세상도 끝난다. 위에서 '이 세상과 자아가 상주하는지, 한계가 있는지' 등에 대해 물을 때 '이 세상[世間]'과 '자아'를 함께 거론하는 것은 이 때문이다.

③ 육체와 영혼은 같은가, 다른가?

④ 여래는 돌아가신 다음에 어딘가에 존재하는가, 존재하지 않는가, 존재하면서 존재하지 않는가, 존재하는 것도 아니고 존재하지 않는 것도 아닌가?

초기불전에 속하는 《전유경(箭喩經)》에서는 이런 질문들에 대해 통렬하게 비판하는데 그 요점을 정리하면 다음과 같다.

독화살에 맞은 사람이 그 화살을 뽑으려 하지는 않고 '그 화살을 쏜 사람의 이름이 무엇인지, 그 사람의 키는 큰지 작은지, 얼굴이 흰지 검은지, 그 활과 화살은 어떤 나무로 만들어진 것인지, 활줄은 어떤 짐승의 힘줄인지……' 등을 알고 싶어 하는 것과 마찬가지로 어리석은 사람은 여래가 가르친 청정한 수행은 하지 않고 '이 세상에 한계가 있는지 없는지, 이 세상은 상주하는지 아닌지, 영혼과 자아가 같은지 다른지, 여래가 돌아가신 다음에 어딘가 존재하는지 아닌지……' 등을 알고 싶어 한다. 그러나 그 답을 구하기 전에 그는 수명이 다할 것이다.

여래가 그런 문제들에 대해 침묵한 것은, 그런 문제들이 무의미하고[非義], 진리와 아무 상관이 없으며[非法], 청정한 수행과도 무관하고[非梵行], 불교 수행의 목적인 열반과 전혀 관계가 없기[不與涅槃相應] 때문이다. 여래는 고(苦)와 고의 원인과 고의 소멸에 대해서만 가르칠 뿐이다.[45]

위에 열거한 것과 같은 형이상학적 질문을 던지는 사람은 독화살에 맞았는 데도 그 화살을 뽑고 치료할 생각은 하지 않고, 화살을 쏜 사람과 화살의 재료에 대해 궁금해 하는 사람과 같이 어리석은 사람이다. 독화살에 맞은 사람이 자신의 궁금증을 풀기 전에 목숨을 마치게 되듯이 형이상학적 의문에 빠져 있는 사람은 그 의문에 답을 내기 전에 목숨을 마치고 말 것이다. 이어서 부처님은 그런 질문이 잘못된 질문인 이유를 설명하고 사성제(四聖諦: 네 가지 성스러운 가르침)에 대해 소개하면서 무기설을 마무리한다.

《전유경》에서는 형이상학적 물음에 대해 침묵한 이유를 설명한 후 이렇게 '사성제'의 가르침이 베풀어지지만, 다른 경전에서는 사성제 대신에 십이연기의 가르침이나 삼법인의 가르침이 베풀어지기도 한다.

삼법인이나 사성제나 십이연기의 가르침 모두 '원인과 조건이 모여 모든 것이 발생함'을 의미하는 '연기'의 가르침이다. 모든 것은 원인과 조건이 모이면 발생했다가, 원인과 조건이 흩어지면 소멸한다[연기의 가르침]. 현재 우리가 체험하는 삶 역시 전생에 우리가 지었던 업의 씨앗이라는 원인에 의해 만들어진 결과이고, 현재 우리가 짓는 행위 하나하나는 내생에 우리가 겪을 삶의 씨앗이 된다. 그리고 이런 과정은 무명에서 시작하여 노사에서 끝나는 열두 가지 현상의 흐름으로 분석된다[십이연기의 가르침]. 따라서 그 어떤 것도 영원한 것은 없으며, 영원한 것이 없기에 아뜨만이랄 것

---

45) 《전유경》, 대정장 1, 917c~918b.

도 없고, 모든 것은 고일 뿐이다[삼법인의 가르침]. 오직 고뿐인 윤회의 세계에서 벗어나 열반에 들기 위해서는 고의 원인인 번뇌를 제거해야 하고, 이를 위해서는 윤리와 명상과 지혜의 수행인 팔정도를 닦아야 한다[사성제의 가르침].

이렇게 질문·침묵·연기로 이어지는 무기설의 기본 골격을 정리하면 다음과 같다.

형이상학적 질문 → 부처님의 침묵 → 연기의 가르침[사성제·십이연기·삼법인]

여기서 중요한 것은 부처님은 형이상학적 질문에 대해 침묵만 하신 것은 아니었다는 점이다. 부처님은 침묵 이후에 반드시 연기를 설하셨다. 왜냐하면 그런 질문은 그 질문에 답을 냄으로써 해결되는 것이 아니라, 그런 질문이 허구의 질문임을 자각함으로써 해소될 성질의 것이기 때문이다.

《전유경》에서 간단히 지적했듯이 그런 질문들은 '무의미한[非義]' 질문이기 때문이다. 그리고 그런 질문이 이렇게 무의미한 허구의 질문임을 자각하기 위해서는 '모든 것이 얽혀서 발생[緣起]하기에 항상 변하고[無常], 실체가 없다[無我]'는 점을 깨달아야 한다. 그래서 부처님께서는 침묵 이후에 항상 연기의 법칙에 대해 가르치셨던 것이다.

《대지도론(大智度論)》에서도 그런 질문들은 마치 "소의 뿔을 쥐어짜면 우유가 몇 말이 나올까?"[46]라든지, "아기를 낳지 못하는 석

녀(石女)를 보고 그녀의 아이 얼굴이 흰가, 검은가?"[47]라고 궁금해하는 것과 같은 잘못된 질문이라고 설명한다. 세간과 자아에 한계가 있는지, 상주하는지 여부에 대해 물어도 침묵 후 연기를 설하고, 영혼과 육체가 같은지 다른지 물어도 침묵 후 연기를 설하며, 여래가 사후에 존재하는지 아닌지 물어도 침묵 후 연기를 설한다. 동쪽을 물어도 서쪽으로 답하고[東問西答], 남쪽을 물어도 서쪽으로 대답하고, 북쪽을 물어도 서쪽으로 답하는 식이다. 부처님은 위의 그 어떤 물음에 대해서도 침묵 이후 일률적으로 연기를 설하셨던 것이다. 연기의 가르침은 그런 질문들을 떠오르게 만든 잘못된 사고방식의 치료제이기 때문이다.

앞의 '7. 주인공에 대한 분석'에서 소개한 《중론》 제9 〈관본주품〉에서는 위에 열거한 네 부류의 의문 가운데 '③ 육체와 영혼은 같은가, 다른가, 같으면서 다른가, 같지도 않고 다르지도 않은가?'라는 의문에 대해 해명하고 있으며 '13. 여래에 대한 분석'에서 소개한 제22 〈관여래품〉에서는 '④ 여래는 돌아가신 다음에 어딘가에 존재하는가, 존재하지 않는가, 존재하면서 존재하지 않는가, 존재하는 것도 아니고 존재하지 않는 것도 아닌가?'라는 의문에 대해 해명하고 있다. 이런 두 가지 의문 모두 연기에 대한 무지에서 비롯된 허구의 의문들인 것이다.

그리고 《중론》의 마지막 장인 제27 〈관사견품(觀邪見品: 잘못된

---

46) 《대지도론》, 대정장 25, p. 74c.
47) 《대지도론》, 대정장 25, p. 253c.

세계관에 대한 분석)〉에서 용수는 네 부류의 의문 가운데 '① 이 세상과 자아는 상주하는가, 무상한가, 상주하면서 무상한가, 상주하지도 않고 무상하지도 않은가?'의 문제와 '② 이 세상과 자아에 한계가 있는가, 없는가, 있으면서 없는가, 있는 것도 아니고 없는 것도 아닌가?'의 문제가 어째서 무의미한 허구의 문제인지에 대해 설명한다. 용수는 먼저 이런 질문들의 성격에 대해 다음과 같이 규정한다.

> 내가 과거세에
> 존재했겠는가 존재하지 않았겠는가
> 세간은 상주하는가 등의 견해는
> 모두 이전의 한계에 의존한 것이다.
> 我於過去世 爲有爲是無 世間常等見 皆依過去世.
>
> — MK. 27-1

> 내가 미래세에
> 존재하겠는가 존재하지 않겠는가?
> 또 한계 등의 견해는
> 모두 나중의 한계에 의존한 것이다.
> 我於未來世 爲作爲不作 有邊等諸見 皆依未來世.
>
> — MK. 27-2

현대의 불교학자들 가운데 많은 사람들은 '이 세상과 자아에 한계가 있는지, 없는지? 에 대한 문제는 우주의 공간적 한계에 대한 문제라고 해석하고, '이 세상과 자아가 상주하는지, 아닌지? 에 대한 문제는 우주의 시간적 한계에 대한 문제라고 해석한다. 전통적 불교 해설서 가운데 하나인《아비달마대비바사론(阿毘達磨大毘婆沙論)》에서도 그렇게 해석한다.[48]

로켓을 타고 우주 공간을 무한히 달리면 벽과 같은 끝이 나올까, 아닐까? 지금 우리 눈앞에 펼쳐진 이 우주는 언제 시작되었을까? 참으로 궁금하지 않을 수가 없다. 그러나 이런 의문들 역시 잘못 구성된 의문들이다. 왜냐하면 '공간적인 끝' 이나 '시간적인 시작' 이라는 말은 우리가 밥 먹고 숨쉬며 사는 일상생활 속에서 만들어진 언어들이기 때문이다.

우리의 일상 속에서는 '일 년의 시작' 과 같이 '시간의 시작' 도 있고, '한반도의 남쪽 끝' 과 같이 '공간의 끝' 도 있다. 그러나 이 우주 전체에 대해서는 그런 시작이나 끝이라는 개념을 적용할 수가 없다. 우주 속에 내가 담겨 있는 것이지, 나의 앎 속에 우주 전체를 담을 수는 없다.

불교에서는 우주의 시간적 시작에 대해 물을 때 '시작도 없고 끝도 없다[無始無終]'고 답하고, 공간적인 끝에 대해 물을 때 '끝이 없다[無邊虛空]' 고 답한다. 그러나 이때 '없다(無)' 는 말은 '한 없이 이어짐' 을 의미하는 것이 아니라, '틀렸음' 을 의미한다. 우주 전체에 대해서 공간적 끝이라든지, 시간적 시작이라는 말을 적용

---

48)《아비달마대비바사론》, 대정장 27, p. 997c.

하는 것은 틀린 일, 즉 옳지 못한 일이란 것이다. '언어' 란 놈은 자신의 능력의 한계를 알아야 한다. 우주의 시간적, 또는 공간적 한계에 대한 물음은, 그에 대해 답을 내야 할 물음이 아니라, 그런 물음에 사용된 언어의 발생 기원을 검토함으로써 '해소시켜야 할 물음'인 것이다.

물론 무기설의 소재가 되었던 네 부류의 의문들 가운데 ① '세간과 자아의 상, 무상의 문제' 와 ② '세간과 자아의 유한, 무한의 문제' 를, 이렇게 우주에 대한 시간적 시작의 문제와 공간적 끝의 문제로 해석해도, 그에 대한 해결방식이 '형이상학적 의문에 대한 불교적 해결방식' 에서 크게 벗어나지 않는다.

그런데 위에 인용한 두 수의 게송에서 보듯이 용수는 그런 두 가지 문제는 '우주의 시간적 시작이나 공간적 끝을 묻는 문제' 가 아니라 '전생과 현생과 내생의 관계에 대한 문제' 라고 해석했다. MK. 27-1에서 설명하는 '상주하는가, 상주하지 않는가? 라는 물음은 '전생과 현생이 이어진 것인지, 끊어진 것인지? 에 대해 묻는 것이고, MK. 27-2에서 설명하는 '한계가 있는가, 한계가 없는가? 라는 물음은 '현생과 내생이 끊어진 것인지, 이어진 것인지? 에 대해 묻는 것이다. 다시 말해 전자는 전생과 현생의 관계, 후자는 현생과 내생의 관계에 대한 물음이다.

이어서 용수는 먼저 MK. 27-1에 담긴 물음의 무의미함에 대해 다음과 같이 설명한다.

과거세에 내가 존재했다는 것은

성립하지 않는다.

과거세의 내가

지금의 나로 되지 않기 때문이다.

過去世有我 是事不可得 過去世中我 不作今世我.

— MK. 27-3

혹 전생의 나는 현생의 나와 같고

오온만 구별된다고 하지만,

오온을 떠난 내가

어떻게 존재하겠는가?

若謂我卽是 而身有異相 若當離於身 何處別有我.

— MK. 27-4

오온을 떠나면

내가 존재할 수 없다고 하니까,

그대는 오온이 그대로 나라고 한다.

그렇다면 나라고 할 만한 것은 존재하지 않는다.

離身無有我 是事爲已成 若謂身卽我 若都無有我.

— MK. 27-5

오온은 결코 나일 수 없다.

오온은 생멸변화하기 때문이다.

도대체 어떻게 오온이

그대로 오온의 주체이겠는가?

但身不爲我 身相生滅故 云何當以受 而作於受者.

— MK. 27-6

모든 것은 오온의 흐름일 뿐이다. 전생에 죽은 오온은 귀신의 오온이 되어 49일간 떠돌다가 어머니가 될 생명체의 자궁 속에 부착하여 현생의 오온이 된다. 온(蘊)이 음(陰)이라고 번역되기도 하는데, 이렇게 번역할 경우 죽을 때의 오온을 사음(死陰), 귀신의 오온을 중음(中陰), 탄생할 때의 오온을 생음(生陰)이라고 부른다. 그래서 귀신을 중음신(中陰身)이라고 한다. 중음의 삶은 티베트 말로 바르도(Bar do)라고 하는데 이는 사망과 탄생이라는 두[do] 영역의 중간[bar]이라는 의미이다. 이것이 생명체가 사망한 후 다시 태어나는 과정에 대한 불교적 조망이다.

그런데 여기서 문제가 발생한다. 나를 이루고 있는 것은 오온뿐이다. 그런데 이런 오온은 모두 무상하다. 그렇다면 전생에 내가 나라고 생각했던 오온 가운데 현생까지 그대로 이어져 온 것은 아무 것도 없어야 한다. 과거세, 즉 전생에 있던 오온 중 그 어떤 것도 지금 여기에 없기에, '과거세에 내가 존재했다'는 말은 성립할 수가 없다[MK. 27-3].

이런 오류에서 벗어나기 위해 '오온은 그렇게 무상하지만, 나는 오온과 별도로 존재하기 때문에 전생의 나는 현생의 나와 동일하다'고 하면 '사실에 위배되는 오류'를 범하게 된다. 왜냐하면 모든 것은 오온뿐이며 오온과 분리된 나는 존재할 수 없기 때문이다

[MK. 27-4].

　이렇게 오온과 분리된 내가 존재할 수 없다고 하니까, 그와 반대로 오온이 그대로 나라고 할지도 모르지만 이 역시 오류를 범한다. 나는 상주불변해야 하지만, 오온은 생멸 변화하는 것이기 때문이다. 상주불변한 것이 생멸 변화할 수는 없다[MK. 27-5, 6].

　이어서 용수는 '이 세상과 자아가 상주하는지, 상주하지 않는지'의 문제를 '전생에 천신이었던 자가 현생에 인간으로 태어난 경우'를 예로 들어 해명한다. 용수는 다음과 같이 말한다.

> 만일 천신이 그대로 인간이라면
> 상주한다는 말이 된다.
> 또 천신은 태어나는 것이 아니리라.
> 상주하는 것은 태어나지 않기 때문이다.
> 若天卽是人 則墮於常邊 天則爲無生 常法不生故.
>
> － MK. 27-15

> 만일 천신이 인간과 다르다면
> 상주하지 않는다는 말이 되리라.
> 만일 천신이 인간과 다르다면
> 상속이 성립하지 않는다.
> 若天異於人 是卽爲無常 若天異人者 是則無相續.
>
> － MK. 27-16

앞에서 설명한 바 있지만, 불교의 윤회설에 의하면 모든 생명체는 천상·아수라·인간·짐승·아귀·지옥의 여섯 세계에서 탄생과 죽음을 되풀이한다. 전생에 천상인 하늘나라에서 천신(天神)으로 살던 자가 현생에는 인간이나 아귀나 짐승으로 태어나기도 하고, 전생에 인간이었던 자가 내생에는 하늘나라의 천신으로 태어나거나 지옥에 태어나기도 한다.

 그런데 만일 전생에 천신이었던 자가 현생에 인간으로 태어날 때, 전생의 천신이 현생의 인간과 동일한 자라면 '태어남' 이라는 말이 쓸모없게 된다. 이와 반대로 '전생의 천신이 현생의 인간과 다르다' 고 보는 것은 '이 세상과 자아가 상주하지 않는다' 는 생각이고, '전생과 현생이 단절되어 있다' 는 생각이다. 그러나 이는 '모든 것이 상속한다' 는 연기의 이치를 부정하는 생각이다.

 '상속' 이란 '끊어진 것도 아니고 이어진 것도 아닌 상태로 계속된다' 는 의미인데, 씨앗은 싹으로 상속하고, 매 찰나의 모든 사물은 다음 찰나의 사물로 상속하며, 모든 생명체는 전생에서 현생으로 현생에서 내생으로 상속한다. 이때 뒤의 것은 앞의 것에서 연기한 것이기에 앞의 것은 뒤의 것으로 이어진 것도 아니고 끊어진 것도 아니며[不常不斷], 같은 것도 아니고 다른 것도 아니다[不一不異]. 예를 들어 어떤 촛불을 다른 초에 옮겨 붙였을 때, 앞의 불꽃과 뒤의 불꽃이 같은 것도 아니고 다른 것도 아니듯이…….

 윤회의 경우도 이와 마찬가지다. 전생에 천신이었던 자가 현생에 인간으로 태어날 때, 천신의 오온과 인간의 오온은 같은 것도 아니고 다른 것도 아니며, 이어진 것도 아니고 끊어진 것도 아니다. 그러나 위의 게송 MK. 27-16에서 지적하듯이 '천신과 인간이 다르다'고 볼 경우 불일불이·불상부단의 상속을 부정하게 되어 옳지 않다.

전생에 천신이었던 자가 현생에 인간으로 태어날 때, '천신과 인간이 같다'고 보는 것은 4구판단 가운데 제1구 판단이며, '천신과 인간이 다르다'고 보는 것은 제2구 판단이다. 그런데 이렇게 전생과 현생의 관계에 대한 제1구 판단과 제2구 판단이 모두 논리적 오류를 범하니까 '현생에 태어난 자의 일부분만 천신이고 나머지는 인간이다'라는 이론을 제시하는 사람이 있을지도 모른다. 그러나 이는 4구판단 중 제3구일 뿐이다.

용수는 이에 대해 다음과 같이 비판한다.

> 만일 일부분은 천신에 속하고
> 일부분은 인간에 속한다면
> 상주하면서 상주하지 않는다는 말이 된다.
> 그러나 이는 타당하지 않다.
> 若半天半人 則墮於二邊 常及於無常 是事則不然.
>
> — MK. 27-17

'상주함'과 '상주하지 않음'은 서로 모순이다. 하나의 개체에는 서로 모순인 것이 공존할 수 없다. 마치 빛과 어둠이 한 곳에 함께 할 수 없듯이, 하나의 개체에 상주하는 것과 상주하지 않는 것이 함께 할 수 없다.

이어서 용수는 전생과 현생의 관계에 대한 제4구적 판단을 다음과 같이 비판한다.

> 만일 상주하지 않음과 상주함이라는
> 두 가지가 공존할 수 있다면
> 상주함도 아니고 상주하지 않음이 아닌 것도
> 성립할 수 있을 것이다.
> 若常及無常 是二俱成者 如是則應成 非常非無常.
>
> — MK. 27-18

MK. 27-17 게송에서 '상주함'과 '상주하지 않음'이 서로 모순인 개념이기에 공존할 수 없다는 점, 즉 전생과 현생의 관계에 대한 제3구적 이해가 타당하지 않다는 사실을 알았다. 그렇다면 전생과 현생의 관계에 대한 제4구적 이해 역시 성립할 수 없다. 제4구는 제3구에 의존한 판단이기 때문이다.

이렇게 전생과 현생의 관계에 대한 총 4구적 이해를 모두 비판한 용수는 이어서 현생과 내생의 관계에 대한 총 4구적 이해를 비판하는데, 그 방식은 전생과 현생의 관계를 비판할 때와 마찬가지이기에 그 가운데 몇 가지만 소개해 본다.

> 만일 이 세상에 한계가 있다면
> 어떻게 내세가 존재하겠는가?
> 만일 이 세상에 한계가 없다면

어떻게 내세가 존재하겠는가?

若世間有邊 云何有後世 若世間無邊 云何有後世.

— MK. 27-21

이 세상에 한계가 있다는 말은 우리가 죽은 후 모든 것이 끝난다는 것을 의미하고, 이 세상에 한계가 없다는 말은 우리가 죽은 후에도 전혀 사라지지 않는다는 것을 의미한다. 그러나 이 두 가지 사고방식 모두 문제가 있다. 전자는 '모든 생명체는 반드시 내생에 다시 태어난다'는 사실과 어긋나고, 후자는 '모든 생명체는 현생에 반드시 죽는다'는 사실과 어긋난다. 죽고 다시 태어나는 과정은 서로 이어진 것도 아니고 끊어진 것도 아니다. 존재하는 것은 마치 들불처럼 이어지는 오온의 흐름일 뿐이다.

넓은 들에 불이 붙어 동쪽에서 서쪽으로 번져 갈 때, 동쪽의 불꽃이 그대로 서쪽으로 가는 것이 아니다[不去, 不常, 不一]. 불꽃은 매 순간 새로운 들풀을 태우며 나타나는 것이기 때문이다. 그렇다고 해서 동쪽의 불꽃이 서쪽으로 번져 간 불꽃과 전혀 다른 것이거나[不異, 不斷] 어디 다른 데서 오는 것도 아니다[不來]. 동쪽의 불길이 없었으면 서쪽에 불꽃이 존재할 수 없기 때문이다.

우리가 죽고 다시 태어나며 무한한 윤회를 되풀이하는 것은 이러한 들불과 같이 매 순간 새롭게 타오르는 오온의 흐름일 뿐이다. 매 찰나 사라지고 나타나는 물질[색]과 느낌[수]과 생각[상]과 의지[행]와 마음[식]의 흐름일 뿐이란 말이다. 그러나 매 순간 들불이 새롭게 타오르는 것을 간과하고 '불길이 동쪽에서 서쪽으로 간다'고 착각하듯이, 매 순간 오온이 새롭게 나타나는 것을 간과하고 우리는 '내가 살아가고, 내가 윤회한다'고 착각한다. 존재하는 것은 매 찰나 생멸하는 오온의 흐름일 뿐이다. 따라서 죽음이 우리 삶의 끝이라고 말할 수도 없고, 죽은 후 지금의 내가 그대로 내생으로 이어진다고 말할 수도 없다.

용수는 이런 윤회의 모습에 의거하여 '이 세상과 자아에 한계가 있다거나 없다'고 보는 사고방식을 다음과 같이 비판한다.

이와 같은 오온의 상속은
바로 등불의 불꽃과 같이 진행되기 때문에
한계가 없다거나
한계가 있다는 것은 타당하지 않다.
五陰常相續 猶如燈火炎 以是故世間 不應邊無邊.

― MK. 27-22

많은 사람들은 죽으면 모든 것이 끝[한계]이라고 본다. 이것이 '이 세상에 한계가 있다'고 보는 사고방식이다. 그러나 모든 번뇌를 끊어 열반에 들지 않은 이상 누구나 다시 태어난다. 등불의 경우 앞 찰나의 불꽃에 의지하여 다음 찰나의 불꽃이 나타나듯이 죽을 때의 오온에 의지하여 새로운 오온이 나타난다. 이것이 탄생이다. 따라서 이 세상에 한계가 있다는 사고방식은 옳지 못하다. 그렇다고 해서 이 세상에 한계가 없다고 보는 것도 옳지 않다. 왜냐하면 현생의 오온이 그대로 내생의 오온으로 이어지는 것이 아니기 때문이다. 마치 등불의 불꽃과 같이 매 찰나 생멸하는 오온이기에 현생의 오온과 내생의 오온은 같은 것이 아니다.

이상과 같이 '이 세상이 상주한다든지, 한계가 있다'는 등의 사고방식을 모두 비판한 용수는 다음과 같이 말하며 〈관사견품〉을 마무리한다.

> 모든 것이 공한데,
> 상주 등의 견해들이
> 어디에서 무엇에 대해 누구에게
> 어째서 발생할 수 있겠는가?
> 一切法空故 世間常等見 何處於何時 誰起是諸見.
>
> — MK. 27-29

> 잘못된 세계관[견해]을
> 모두 제거해 주시기 위해
> 자비의 마음으로 오묘한 진리를 가르치신
> 가우따마 부처님께 귀의합니다.
> 瞿曇大聖王 憐愍說是法 悉斷一切見 我今稽首禮.
>
> — MK. 27-30

모든 것은 연기하기 때문에 공하다. '1. 부처님께 바치는 노래'에서 설명했듯이 연기하는 것에 대해서는 '생한다[生]'든지, '멸한다[滅]'든지, '같다[一]'든지 '다르다[異]'든지 '간다[去]'든지 '온다

[來]'는 생각은 물론이고 '이어져 있다[常]'든지 '끊어져 있다[斷]'는 생각도 낼 수가 없다. 모두 논리적 오류를 범하기 때문이다. '이 세상과 자아가 상주한다'는 생각은 전생과 현생이 '이어져 있다'는 생각이고, '이 세상과 자아에 한계'가 있다는 생각은 현생과 내생이 '끊어져 있다'는 생각이다. 그러나 전생과 현생, 현생과 내생은 연기 관계에 있기에 이어져 있지도 않고 끊어져 있지도 않다[不常不斷]. 이것이 모든 존재의 참모습이다. 이것이 이 세상과 자아의 참모습이다. 이런 참모습을 자각할 때 우리는 더 이상 인생과 세계에 대해 고민하지 않을 수 있다.

'내가 태어나 살아가다가 죽는다'는 생각은 발생이 있고, 소멸이 있으며, 평생 동일한 내가 존재한다는 사고방식의 토대 위에서 만들어진 허구의 생각이다. 우리는 이런 허구의 토대 위에서 삶에 대해 번민하고 죽음에 대해 두려워해 왔다. 그러나 이 세상의 참모습인 연기(緣起)와 공(空)을 자각할 때 우리는 태어난 적도 없고, 살아 있지도 않으며, 죽을 일도 없다는 사실을 알게 된다.

참으로 오묘한 궁극의 진리, 죽어서 확인되는 것이 아니라 지금 이 순간에 삶과 죽음에 대한 모든 고민을 '해소' 시켜 주는 연기와 공의 진리를 가르치신 부처님께 용수는 다시 한 번 존경과 감사의 마음을 바친다.

3부
《중론》을 읽고 나서

1. 공의 자가당착과 그에 대한 해명

지금까지 《중론》에서 구사되고 있는 '공의 논리' '중관논리'에 대해 개괄적으로 소개하였는데, 영민한 독자라면 무언가 찜찜한 느낌을 떨쳐 버릴 수 없었을 것이다. 우리의 논리와 분별이 숙명적으로 범하게 되는 오류를 지적하는 책이 《중론》이라고 하지만, 이를 지적한다고 하면서 다시 논리와 분별을 사용하고 있기 때문이다. '모든 것이 공하다'는 점을 논증하는 책이 《중론》이라고 하지만, 진정으로 '모든 것이 공하다'면 '모든 것이 공하다'는 말도 '모든 것' 속에 포함되기에 그 말 역시 공해야 한다. 공의 논리, 중관논리, 더 나아가 공사상 자체는 이렇게 자가당착에 빠져 있는 것이다.

공의 가르침은 언어와 생각의 세계를 비판하는 가르침이지만, 그런 비판 역시 언어와 생각에 의해 이루어지기에, 결국 '자기 발등을 찍는 가르침'이 될 뿐이다. 《반야경》이 출현하고, 《중론》이 저술되어 공사상이 널리 보급된 후, 수많은 논적(論敵)들은 바로 이 점을 지적하며 공사상과 중관논리를 비판하였다.

그러나 용수는 《회쟁론(廻諍論)》을 통해 이에 대해 명쾌하게 해명한다. 《중론》이 공의 의미에 대해 가르치는 책이라면 《회쟁론》은 공에 대한 오해를 씻어 주는 책이다. 앞에서 소개한 바 있지만, 《회쟁론》의 원 제목은 Vigrahavyāvartanī인데 이는 '적대자의 비판(Vigraha, 諍)과 그에 대한 반박(Vyāvartanī, 廻)'이라는 의미를 갖는다. 총 71수의 게송으로 이루어진 《회쟁론》에서 앞의 20수에는 공사상에 대한 적대자의 비판이 실려 있고, 그 이후의 게송들에는 그런 비판에 대한 용수의 반박이 실려 있는데, 《회쟁론》에 의거하여 공사상의 자가당착적 성격에 대해 해명하면 다음과 같다.

적대자가 비판하듯이 공사상은 자가당착에 빠져 있다. '모든 것이 공하다'고 하는 이 말 역시 모든 것에 포함되기 때문이다. 그러나 '모든 것이 공하다'는 말은 벽에 쓰여진 '낙서금지'라는 말과 같이 효용이 있는 말이다. 누군가가 집에 담을 두르고, 담을 흰 페인트로 칠했는데, 철없는 동네 아이들이 죄책감 없이 그 담에 낙서를 할 때, 집주인이 그 위에 '낙서금지'라고 쓴다. 그때 집주인이 쓴 '낙서금지'라는 말도 일종의 낙서이긴 하지만, 그 이후에 있을 다른 낙서를 금지시켜 주는 효용이 있다.

또 교실에서 아이들이 소리지르며 떠들 때, 반장이 일어나 "시끄럽게 하지 말고 조용히 해!"라고 소리 지른다. 이때 반장의 말 역시 '조용하지 못한 시끄러운 소리'이긴 하지만, 다른 소리를 잠재우는 역할을 한다.

공사상도 이와 마찬가지다. '모든 것이 공하다'는 말도 모든 것에 포함되기에 공한 말이긴 하지만, '모든 것에 실체가 있다'는 생각을 시정해 준다는 점에서 가치가 있다.

공사상은 '모든 것이 공하다'는 세계관을 심어 주기 위해 등장한 것이 아니라, '모든 것에 실체가 있다'는 착각을 시정해 주기 위해 탄생하였다. 티베트의 위대한 학승(學僧) 총카빠는 공의 의미를 설명하기 위해 '고가(古家: 오래된 집)'의 비유를 든다. 외딴 시골에 '고가'가 한 채 있었는데, 추운 겨울 여행객들이 고가에서 하룻밤을 묵고 가는 경우가 더러 있었다. 그런데 그 고가에 귀신이 있다는 말을 누군가로부터 들은 한 여행객이 살을 애일 듯한 추위를 피하기 위해 어쩔 수 없이 고가에 들어가 밤을 지내게 되었다. 그는 귀신이 나타날지도 모른다는 공포 때문에 밤새 잠을 설쳤다. 그때 다른 여행객이 귀신이 있는 곳은 이 고가가 아니라 다른 곳이라고 알려 주었다. 그러자 공포는 눈 녹듯이 사라지며 마음이 편안해졌다. 이때 무서운 고가에 귀신이 없다는 생각이 덧붙여진 것이 아니라, 고가에 대한 잘못된 생각이 사라진 것일 뿐이다.

'모든 것이 공하다'는 말도 이와 마찬가지다. '모든 사물에 실체가 있다'고 착각하는 사람에게 '실체가 없다'는 점을 알려 주기 위해 '모든 것이 공하다'고 말하는 것일 뿐이지 공의 세계관을 심어 주기 위해 '모든 것이 공하다'고 말하는 것이 아니다. 있지도 않은 것을 있다고 보는 착각을 시정해 주는 것이 공사상인 것이다. 연필로 잔뜩 낙서해 놓은 종이를 지우개로 지울 때, 지우개의 자국이 종이에 새겨지는 것이 아니다. 지우개는 원래 없었던 연필 자국만 종이에서 지울 뿐이지, 지우개 자국을 남기려고 사용되는 것이 아니다. 이런 지우개와 같이 사용되는 것이 공사상이다.

《중론》에서는 우리 인간의 사고방식인 4구(四句)를 비판하지만, 4구를 비판할 때 사용되는 《중론》의 언어 역시 4구 중 어느 하나일 뿐이다. '모든 것에 실체가 있다'는 제1구적인 주장에 대해서는 '모든 것에 실체가 없다'고 제2구로 비판하고, 이런 제1구와 제2구를 모두 비판할 때는 '모든 것에 실체가 있는 것도 아니고, 없는 것도 아니다'라고 제4구로 비판한다. 제1구와 제2구가 갈등할 때에는 '진제(眞諦)에서는 제2구가 옳고 속제(俗諦)에서는 제1구가 옳다'는 진속 이제설(二諦說)을 제시하는데 이는 '모든 것에 실체가 있으면서 없다'는 제3구가 될 뿐이다.

이렇게 《중론》에서는 4구분별의 문제점을 4구분별을 통해 지적한다. 언어와 분별의 문제점을 언어와 분별에 의해 지적함으로써 언어와 분별의 세계에서 벗어나게 한다. 마치 두 개의 나무토막을 비비면 불이 발생하여 비비던 나무토막을 모두 태워 버리듯이……

2. 《중론》을 주석하는 두 가지 방식

용수의 《중론》이 저술된 이후 수많은 해설서가 저술되었는데 현존하는 1차적인 주석서의 제목과 저자, 그리고 그것이 쓰여진 언어를 소개하면 다음과 같다.

1. 《무외소(無畏疏)》: 용수(龍樹, 150~250년경), 티베트 어 번역.
2. 《중론(中論)》: 청목(靑目, 300년경), 한문 번역.
3. 《순중론(順中論)》: 무착(無着, 395~470년경), 한문 번역.
4. 《근본중론주(根本中論註)》: 불호(佛護, 470~540년경), 티베트 어 번역.
5. 《반야등론(般若燈論)》: 청변(淸辯, 490~570년경), 한문 번역, 티베트 어 번역.
6. 《대승중관석론(大乘中觀釋論)》: 안혜(安慧, 510~570년경), 한문 번역.
7. 《정명구론(淨明句論, Prasannapadā)》: 월칭(月稱, 600~650년

경), 산스끄리뜨 원문, 티베트 어 번역.

앞에서 《중론》이 언어와 분별에 의해 언어와 분별의 세계를 비판하는 책이라고 설명하면서 '낙서금지' 라는 예를 통해 그 자가당착의 효용에 대해 설명한 바 있다.

그런데 《중론》 출현 이후 300~400여 년 정도 지난 무렵 《중론》의 주석방식을 둘러싸고 불교 내의 학승들 사이에서 치열한 논쟁이 벌어졌다. 논쟁의 불씨는 청변(Bhāvaviveka)이 지폈다. 청변은 《반야등론》이라는 이름으로 《중론》에 대한 주석서를 저술했는데, 그 내용 중에서 자신의 선배였던 불호(Buddhapālita)의 《근본중론주》 저술방식을 비판하였던 것이다. 청변은 불호가 '추론식(推論式)'을 사용하지 않고 《중론》을 주석하고 있는데 그런 식의 주석으로는 다른 종파에 속한 사람들을 설득할 수 없다고 비판하였다. 여기서 청변이 말하는 '추론식' 이란 어떤 주장을 입증하기 위해 그에 대한 이유와 실례를 드는 인도적인 삼단논법으로 '삼지작법(三支作法)' 이라고 부르는데 예를 들면 다음과 같은 것이다.

주장: 저 산에 불이 있다.
이유: [저 산에] 연기가 있기 때문에.
실례: 마치 아궁이와 같이 [연기가 있는 곳에 불이 있다].

이를 서양 논리학의 삼단논법으로 바꾸어 기술하면 다음과 같이 된다.

대전제: 연기가 있는 곳에는 불이 있다.

소전제: 저 산에 연기가 있다.

결론: 저 산에 불이 있다.

서양 논리학의 삼단논법에서 말하는 '대전제'는 인도적 삼단논법의 '실례'에 해당하고, '소전제'는 '이유'에, 그리고 '결론'은 '주장'에 해당할 뿐 양자의 골격은 거의 같다. 청변은 《중론》에 기술된 명제의 진리성을 상대방에게 납득시키려면 위와 같은 삼지작법의 형식으로 주석해야 한다고 주장하였다. 청변이 이렇게 주장한 것은 당시 인도 사상계의 흐름과 관계가 깊다.

기원 후 3세기경 인도의 전통종교인 바라문교 내에서 니야야(Nyāya)라는 이름의 논리학파가 탄생하였다. 니야야란 '[우리의 사유를] 올바르게 이끈다'는 의미인데, 이 학파에서는 아뜨만의 존재를 인정하는 바라문교의 실재론에 맞추어 자신들의 논리학을 체계적으로 집대성한 후 불교와 같은 비바라문 사상을 공격하기 시작하였다.

그러자 불교 내의 사상가들도 이에 대항하기 위해 논리학에 관심을 갖기 시작하였고, 기원 후 6세기 초 진나(陳那, 480~540)는 불교의 무아(無我)·연기(緣起)·공(空)의 가르침에 입각하여 불교논리학을 집대성하였다. 진나의 불교논리학에서는 올바른 추론의 조건에 대해서도 다루지만, 잘못된 추론을 33가지로 분류한 후 하나하나 예를 들며 그 의미에 대해 상세하게 설명한다. 위에서 보듯이 인도적 추론식인 삼지작법은 '주장'과 '이유'와 '실례'로 구성되어 있다. 그런데 '잘못된 추론' 33가지는 '잘못된 주장'이 실린 추론 9가지와 '잘못된 이유'를 댄 추론 14가지, 그리고 '잘못된 실례'를 든 추론 10가지로 재분류된다.[1]

33가지 논리적 오류 모두에 대해 설명할 수는 없지만, 《중론》 주석과 관계되는 '잘못된 주장' 한 가지를 소개해 보기로 하겠다. '잘못된 주장' 가운데 '지각에 어긋나는 주장[現量相違]'이 있다. 예를 들면 '소리는 들리지 않는다'는 주장과 같은 것이다. 누군가가 삼지작법을 제시하는데, 그 삼지작법 중의 주장이 이와 같이 '누가 봐도 틀린 주장'일 경우, 추론식 전체는 '잘못된 추론'으로 배척되는 것이다.

청변이 삼지작법의 추론식을 작성하며 《중론》을 주석하려고 할 때, 문제는 바로 이와 같은 데서 발생하였다. 왜냐하면 《중론》에 기술된 주장들 대부분은 불교논리학에서 말하는 '잘못된 주장'에 속하기 때문이다. 예를 들어 《중론》 제3장 〈관육정품〉 제2 게송에서 "눈은 사물을 보지 못한다."고 노래하고 있는데, 이것을 주장명제로 삼아 삼지작법의 추론식을 작성하게 되면, 논적(論敵)은 이를 '지각에 어긋나는 주장'이라고 비판할 것이기 때문이다.

그래서 청변이 고안한 것이 추론식에 '단서'를 다는 것이었다. 청변은 삼지작법의 추론식의 '주장' 앞에 '참된 진리의 관점에서는[第一義中, paramārthatas]'이라는 단서를 달 경우 '잘못된 주장'

---

1) 이에 대해서는 필자의 졸저, 《원효의 판비량론 기초 연구》(지식산업사 간)를 참조하기 바람.

의 오류에서 벗어날 수 있다고 보았다. "눈이 사물을 보지 못한다."는 것이 잘못된 주장이라고 논적들이 비판한 것은 참된 진리의 관점에서 보지 않았기 때문이다. '참된 진리의 관점에서 보면' 눈은 사물을 보지 못한다. 왜냐하면 자기 자신을 보지 못하기 때문에. 마치 귀와 같이. 이는 다음과 같이 정리된다.

주장: '참된 진리의 관점에서는' 눈은 사물을 보지 못한다.
이유: 자기 자신을 보지 못하기 때문에.
실례: 마치 귀와 같이.

청변은《반야등론》곳곳에서 이렇게 '참된 진리의 관점에서는' 이라는 단서가 달린 추론식을 작성하며《중론》을 해설하였다. 티베트 불교 전통에서는 청변의 이와 같은 주석방식을, '중관학파 스스로 추론식을 세운다'는 의미에서 '자립논증(自立論證)'이라고 불렀으며, 청변의 방식을 계승하는 주석가들을 자립논증파(Svātantrika)라고 불렀다.

그러나 이러한 청변의 방식은 곧이어 나타난 월칭(Candrakīrti)에 의해 비판된다. 월칭은《정명구론》을 저술하면서, 그 서두에서 청변의《반야등론》을 혹독하게 비판하며, 청변에 의해 비판받았던 불호를 옹호한다. 그리고《중론》에 대한 올바른 주석방식은 자립논증적이어서는 안 되고 귀류논증(歸謬論證)적이어야 한다고 주장하였다. 귀류논증이란 청변과 같이 스스로 추론식을 세우는 것이 아니라, 논적의 주장이나 추론식을 오류에 빠뜨리는 것을 의미한다. 월칭은 《중론》의 각 명제들은 어떤 주장이 아니라, 논적에 대한 비판일 뿐이기에, 그를 주석할 경우에도 그 방식을 그대로 계승하여 귀류적으로 접근해야 한다고 주장했던 것이다. 후대 티베트 불교계에서는 이러한 월칭의 방식을 계승하는 주석가들을 귀류논증파(Prāsaṅgika)라고 불렀다.

이렇게 청변에 대한 월칭의 비판이 있긴 했지만, 자립논증파는 인도불교계에서 귀류논증파보다 오히려 더 큰 영향력을 발휘하며 쟁쟁한 학승들을 배출하였다. 《서유기》의 주인공 삼장법사 현장(玄奘, 602~664) 역시 인도 체류 중 청변의 자립논증파 계통을 학습하였다.

그런데 11세기 초 아띠샤(Atiśa, 982~1054)라는 인도의 고승이 티베트에 들어가 불교를 부흥시킬 때, 월칭의 귀류논증적 불교관을 정통으로 간주하였기에, 그 이후 천여 년이 지난 오늘날까지 티베트에서는 《중론》에 대한 귀류논증적 이해를 공(空)에 대한 최고의 조망으로 간주하며 학습하고 있다.

3. 간화선과 《중론》, 그리고 부처님의 침묵

지금은 '화두(話頭)'라는 말이 '풀어야 할 숙제' 정도를 의미하는 일상어가 되었지만, 원래 화두는 불교에서 참선 수행을 할 때 품는 '의문'을 가리키는 말로, 부처님이나 과거 큰스님들의 특이한 일화들을 그 내용으로 하고 있다.

중국 산동성의 조주(趙州, 778~897) 스님에게 어떤 제자가 물었다. '스님, 개에게도 불성(佛性)이 있습니까?' 여기서 말하는 불성이란 부처님이 될 수 있는 자질을 뜻한다. 대승불교 경전 가운데 《열반경》에서는 "모든 생명체에게 불성이 있다."고 가르친다. 그 제자 역시 이런 가르침을 알고 있기는 하지만, 도대체 개와 같은 어리석은 짐승에게도 불성이 있는지 궁금하였다. 만약 《열반경》의 가르침에 따른다면, '개에게도 불성이 있다'고 대답했어야 한다. 그러나 조주 스님은 '없다'고 대답했다. 여기서 의문이 생긴다. 조주 스님은 왜 개에게 불성이 없다고 하셨을까? 조주 스님은 《열반경》의 가르침을 거스르며 왜 개에게 불성이 없다고 하셨을까? 이와 같은 의문이 바로 화두이다.

참선 수행자는 가부좌 틀고 앉아 호흡을 가다듬은 후 이와 같은 화두를 들고 그 답을 찾아내기 위해 몇 달, 몇 년을 노력한다. 이런 수행을 화두(話頭)를 보면서[看] 수행한다는 의미에서, 간화선(看話禪)이라고 부르는데, 우리 한국의 불교인들 대부분이 닦는 참선 수행이 바로 이런 간화선이다. 그런데 주의할 것은 화두를 풀기 위해 머리를 굴려서는 안 된다는 점이다. 단지 의문만 강화시키면 될 뿐이다. 조주 스님은 왜 개에게 불성이 없다[無]고 했을까? 조주 스님은 왜 무(無)라고 했을까? 왜 무(無)라고 했을까?……

이것이 참선하는 방법이다. 앞이 꽉 막혀 있다. 출구가 없다. 너무너무 궁금하고 참으로 의심스러운 '화두'만이 마치 은산철벽(銀山鐵壁)과 같이 앞을 가로막고 있을 뿐이다. 조주가 내린 '무(無)'라는 답을 '있음'에 대립되는 '없음'이라고 이해해서는 안 된다. 그렇다고 '있음'이라고 이해해도 안 되며, '있음도 아니고 없음도 아니다'라고 이해해도 안 된다. 조주의 '무' 자에 대해 우리의 생각을 집어넣을 수가 없다. 그래서 화두로 사용될 수가 있는 것이다.

화두로 사용되는 다른 문답 몇 가지를 예로 들면 다음과 같다.

【문】달마 스님이 인도에서 중국으로 건너오신 까닭은 무엇입니까?
【답】뜰 앞의 잣나무니라.

【문】부처님은 어떤 분이십니까?

【답】 마른 똥 막대기다.

【문】 부처님은 어떤 분이십니까?
【답】 그대는 누구인가?

【문】 부처님은 어떤 분이십니까?
【답】 삼베 세 근이다.

　평범한 물음에 대한 우리의 상식을 초월한 답변들이다. 왜 저런 물음에 대해 그런 답을 했는지 참으로 궁금하다. 그래서 이런 문답들이 화두로 사용될 수 있는 것이다. 백 척이나 되는 긴 장대 끝에 올라갔을 때 더 이상 발을 디딜 곳이 없듯이, 칠통(漆桶) 속에 들어간 쥐가 막다른 곳에 다다라 옴짝달싹 못하듯이, 화두를 대하고 있으면 더 이상 생각이 나아갈 곳이 없다. 그러나 의심만 떠올리며 집요하게 물어 들어가다가 은산철벽과 같던 화두가 와르르 무너질 때, 백 척의 장대 끝에서 한 걸음 더 나아갈 때, 캄캄한 칠통이 탁 깨질 때 깨달음이 열린다.
　그런데 간화선에서 화두를 들 때 우리의 생각이 나아갈 곳을 이렇게 모두 막는다는 점은 《중론》의 방식과 일치한다. 《중론》 역시 주어진 문제에 대한 4구적(四句的)인 대답을 모두 막아 버리기 때문이다. 이 책 2부 '1. 부처님께 바치는 노래'에서 설명한 바 있듯이, 씨앗에서 싹이 발생할 때 ① '씨앗에 있던 싹이 발생한다'고 해도 옳지 않고, ② '씨앗에 없던 싹이 발생한다'고 해도 옳지 않으며, ③ '씨앗에 있으면서 없던 싹이 발생한다'고 해도 옳지 않고, ④ '씨앗에 있지도 않고 없지도 않던 싹이 발생한다'고 해도 옳지 않다. '씨앗에서 싹이 발생하는 과정'에 대해 그 어떤 이론도 제시할 수 없는 것이다. 다시 말해 우리의 생각을 집어넣을 수 없는 것이다.

'개에게도 불성이 있는가?'라는 물음에 대한 '무(無)'라는 답에 대해 '없다'거나 '있다'거나 '있지도 않고 없지도 않다'는 그 어떤 해석도 옳을 수가 없었듯이, 《중론》에서는 그 어떤 판단이라 하더라도 그에 대한 우리의 4구적인 해석을 비판하며 우리의 생각을 궁지로 몰아가 버린다. 이 책 2부 '3. 움직임에 대한 분석'에서 설명했듯이 '비가 내린다'고 할 때 '내림을 갖는 비가 내린다'고 해석할 수도 없고, '내림을 갖지 않은 비가 내린다'고 해석할 수도 없다. 전자는 제1구적 해석이고, 후자는 제2구적 해석이다. 이때 우리의 생각은 이럴 수도 없고 저럴 수도 없는 딜레마에 빠져 버린다. 칠통 속의 쥐와 같이 옴짝달싹할 수가 없다.

간화선과 《중론》 모두 우리의 분별적 사유를 차단함으로써 지적인 깨달음의 세계로 인도한다는 점에서 그 목적이 일치하긴 하지만 방식은 전혀 다르다. 전자는 직관을 사용하고, 후자는 분석을 사용한다. 직관은 순간적이고 전체적으로 일어나지만 지극히 주관적 방법이고, 분석은 누구나 동참할 수 있는 객관적 방법이긴 하지만 장시간을 요하며 그 조망이 부분적이기 쉽다.

또 사유의 출구를 모두 막아 버리는 《중론》의 방식이 초기불교 경전의 무기설(無記說)에 그 뿌리를 두고 있듯이, 간화선 역시 무기설과 대비시킬 때 그 진정한 취지가 되살아난다. 이 책 2부 '1. 부처님께 바치는 노래'와 '16. 윤회에 대한 잘못된 견해에 대한 분석'에서 상세히 설명한 바 있듯이, 부처님은 몇 가지 형이상학적 문제에 대해 답을 하지 않고 침묵을 지키셨다. 그런데 그런 형이상학적 문제들은 모두 4구로 배열되어 있었다.

예를 들어 '이 세상과 자아가 상주하는지' 여부에 대해 질문자는 다음과 같이 묻는다. '이 세상과 자아는 ① 상주하는가, ② 무상한가, ③ 상주하면서 무상한가, ④ 상주하지도 않고 무상하지도 않은가?' 그리고 부처님은 이 네 가지 판단 가운데 그 어떤 것도 수용하지 않고 침묵하셨다. 간화선에서 '개에게 불성이 있는가?'라는 질문에 대한 조주 스님의 '무(無)'라는 대답을 ① '있다'거나 ② '없다'거나 ④ '있지도 않고 없지도 않다'고 이해하는 것이 모두 틀리듯이, '이 세상과 자아의 한계'에 대한 물음에 대해 4구(四句) 중 그 어떤 판단으로 이해해도 모두 옳지 않은 것이다.

간화선 수행자는 4구분별의 출구를 모두 막고 은산철벽과 같은 화두를 대면하고 앉아 있는데, 초기불전의 무기설에서는 4구로 배열된 형이상학적 의문들에 대해 부처님이 은산철벽과 같이 침묵하신다. 그리고 《중론》에서는 논리적 분석의 몽둥이로 우리의 4구분별 하나하나를 모두 부수어 버린다. 용수의 《중론》은 우리 한국불교의 간화선 수행과 초기불교의 무기설을 잇는 논리적 가교(架橋)인 것이다.

뜻풀이 찾아보기

뜻풀이 찾아보기

(ㄱ)

가명(假名) 203
가우따마 싯다르타 13
간화선 254
갈랄람 212
건남 212
견취(見取) 152, 215, 216
경안(輕安) 43
계금취(戒禁取) 152, 215, 216
고가(古家) 245
고락중도 32
고성제(苦聖諦) 184
고수(苦受) 213

공(空) 22, 128
공견 197
공론 57
《공칠십론》 29
관(觀) 43
관거래품 33, 71
관고품 34
관박해품 34
관법품 34, 147
관본제품 34, 139
관본주품 34, 119, 226
관사견품 35, 55, 226
관사제품 34
관삼상품 33, 97

관성괴품 34
관시품 34, 156
관십이인연품 35, 205
관업품 34
관여래품 34, 175, 226
관연가연품 34, 129
관열반품 34
관염염자품 33
관오음품 33
관유무품 34
관육정품 33, 88
관육종품 33
관인과품 34, 166
관작작자품 33, 108
관전도품 34
관합품 34
관행품 34, 200
《광파론》 29
구마라습 26
《구사론(俱舍論)》 65
구업(口業) 209
《권계왕송》 29
귀경게 47

귀류논증파 252
《근본중론주》 247, 248
길장 35
까삘라(Kapila) 13

(ㄴ)

나가르주나(Nāgārjuna) 25
낙서금지 244
낙수(樂受) 213
난문(難問) 53
납박 65
내포 81
노사 207
눈먼 바다거북 218
능견(能見) 90
니야야(Nyāya) 249

(ㄷ)

다섯 가지 요소 23

다섯 무더기 146
달찰나 65
대기설법 155
《대승중관석론》 247
대적광전 107
《대지도론》 30, 225
도성제(道聖諦) 184
독화살 224
동시 144
따라나타(Tāranātha) 26

(ㅁ)

《마하반야바라밀경》 30
막행막식 198
맹구우목(盲龜遇木) 218
멸멸(滅滅) 100
멸성제(滅聖諦) 184
명색 206, 211
모호율다 65
무(無) 254
무기답(無記答) 53

무기설 222, 225
무명 17, 206, 209
무변허공 228
무색계 185의 각주
무색유(無色有) 216
무생 47의 각주
무시무종 228
무아(無我) 18, 85, 150
무여의열반 64, 152
《무외소》 247
무위법(無爲法) 96, 99
무유애(無有愛) 214
무착 247
무한소급의 오류 99

(ㅂ)

바라문교 249
바르도(Bar do) 231
반논리(反論理) 183
반논리의 논리 37
반야 21, 87의 각주

《반야경》 30
《반야등론》 247, 248
반야사상 87
《반야심경》 21
반열반(般涅槃) 18의 각주, 64
발라사구 212
《방편심론》 30
배제 81
배중률 106
《백론》 29
번뇌 18의 각주
번뇌장(煩惱障) 86
법공(法空) 43
법무아(法無我) 43
법보 185
법신비상분 179
법유(法有) 86
별호(別號) 175
보리수 15
보조적 특징 101
《보행왕정론》 29
복행(福行) 209
본멸(本滅) 101

본생(本生) 101
본주(本住) 101
부단 49
부동행 209
부뙨(Bu ston) 26
부정관(不淨觀) 39
분석 31
불거 49
불고불락수(不苦不樂受) 213
불교논리학 249
불래 49
불멸 49
불보 186
불상 49
불생 49
불성(佛聖) 253
불이 49
불일 49
불호 247, 248
비(悲) 215
비복행 209
비생(非生) 47의 각주
빨랫비누 200

뿌루샤(Puruṣa) 121

(ㅅ)

사(捨) 215
사과(四果) 185
4구 36, 81
4구분별 246
4구비판 36
사다함 185
사라쌍수 48
사리불 22
사무량심 216의 각주
사범주(四梵住) 216의 각주
사법인(四法印) 63
《사분율(四分律)》 16의 각주
사상적 중도 31
사성제 19, 184
사실에 위배되는 오류 80, 135
49재 211
사연설(四緣說) 62
사음(死陰) 231

사제(四諦) 184
사향(四向) 185
사향사과(四向四果) 186
삼단논법 248
삼독심 39, 148
삼론(三論) 29
삼매 19의 각주, 42
삼법인 63
삼보 38, 186
삼상(三相) 97
삼선도(三善道) 150
삼세양중인과설 207
삼십이상(三十二相) 179
삼악도(三惡道) 150
삼지작법(三支作法) 248
삼혜(三慧) 39
상(想) 146
상대성이론 107
상속(相續) 233
상응 논법 191
상호의존 211
색(色) 146
색계 185의 각주

색법 95

색유(色有) 216

생 207

생과(生過) 논법 191

생생(生生) 100

생음(生陰) 231

《서유기》 252

석녀 225

선(禪) 48

선행(先行) 144

소견 90

소금 199

소승불교 20

소의 뿔 225

소지장(所知障) 86

속제 195

수(受) 146, 206, 213

수다원 185

수상(隨相) 101

수학(數學) 70

숙명통 16

《순중론》 247

승보 185

식(識) 146, 206, 210

신업(身業) 209

실천적 중도 32

심불상응행법 96

심소법(心所法) 96

심왕법(心王法) 95

심일경성(心一境性) 43

16가지 이해방식 111

《십이문론》 29

십이연기 205

십이인연 205

십이처(十二處) 84

《십주비바사론》 30

십지품 30

쓸로까(Śloka) 33의 각주

(ㅇ)

아공(我空) 43, 86

아공법공 21, 86

아나함 185

아뜨만(Ātman) 85

아띠샤(Atiśa) 252
아라한 64, 153, 185
아비달마 20
《아비달마대비바사론》 228
아상(我想) 138
아소(我所) 118
아어취(我語取) 215, 217
아인슈타인 107
악순환의 오류 103, 133
악업 18
안혜 247
알부담 212
애(愛) 207, 214
업 209
여래 175
여섯 가지 지각기관 84
여섯 가지 지각대상 84
연기(緣起) 17의 각주, 32, 48, 77, 128
연기공식 123
연기론 57
《연기성도경》 15의 각주
연기의 논리 37

연연(緣緣) 62
《열반경》 253
열반의 논리 37
열반적정 63
염리심(厭離心) 41
염부수 14
오분법신(五分法身) 176의 각주
오온 23, 146, 176
5위 75법 96
완전한 열반 18의 각주, 64
외도 119
욕계 185의 각주
욕애(欲愛) 214
욕유(欲有) 216
욕취 215, 216
용수 25, 247
《용수보살전》 26
《우빠니샤드》 121
월칭 247, 251
유(有) 207, 215
유식학 86
유애(有愛) 214
유여의열반 64, 152

육도 140의 각주, 185의 각주, 209

《육십송여리론》 29

육욕천(六欲天) 215

육입 206, 212

육취 140의 각주

윤회설 140

은산철벽 254

의미 중복의 오류 79, 135

의업(意業) 209

이변(二邊) 53

이제(二諦) 195

인과응보 17의 각주

인무아(人無我) 43

인식의 차원 140

인연 62

《인연심송》 29

일체개고(一切皆苦) 63

(ㅈ)

자(慈) 215

자가당착 243

자립논증파 251

자비심 41

자성 77, 182

자업자득 108

《전유경》 223

접촉 212

《정명구론》 247, 251

제법무아(諸法無我) 63

제4구 36, 235, 246

제4구 비판 52

제3구 36, 145, 234, 246

제3구 비판 51, 114

제2구 36, 50, 81, 145, 234, 246

제2구 비판 51, 82, 100, 136

제1구 36, 50, 81, 145, 234, 246

제1구 비판 50, 82, 109, 136

제행무상(諸行無常) 63, 192

조주(趙州) 253

존재의 차원 140

주주(住住) 100

중관논리(中觀論理) 37

중도 31, 203

중도론 57

중도의 논리 37
《중론》 25, 29, 247
중생상(衆生相) 138
중음(中陰) 231
중음신(中陰身) 211
증상연 62
지(止) 43
지식 38
지와(Jīva) 121
지우개 245
지혜 38
직관 31
진(瞋) 148
진나(陳那) 249
진제 195
집성제(集聖諦) 184

천신(天神) 232
천안통(天眼通) 17
청목 247
청변 247, 248
초선(初禪) 216의 각주
촉 206, 212, 213
총카빠(Tsong kha pa) 35, 245
추론식 248
출리심 41
취 207, 215
취착 152
치(癡) 148
치답(置答) 53

(ㅊ)

차제연 62
찰나 65
찰나설 64

(ㅌ)

탐(貪) 148
팔정도 19의 각주, 184, 220
폐시 212
피안 23

(ㅎ)

해소(解消) 239
해소시켜야 할 물음 229
해탈의 논리 37
해탈지견 176
행(行) 146, 206, 209
현량상위(現量相違) 250
현장(玄奘) 252

형식논리학 106
형이상학적 의문 224
화두 253
《화엄경》 30
《회쟁론》 29, 244
후속(後續) 144
흑백논리 52
희(喜) 215
희론 54, 181

중론
논리로부터의 해탈
논리에 의한 해탈

초판 1쇄 발행 2004년 8월 25일
초판 10쇄 발행 2021년 1월 10일

지은이　　김성철ⓒ
펴낸이　　이규만

펴낸곳　　불교시대사
등록일자　1991 3월 20일
등록번호　제1-1188호
주소　　(우)03149 서울시 종로구 인사동 7길 12 백상빌딩 1305호
전화 02-730-2500
팩스 02-723-5961
이메일 kyoon1003@hanmail.net

ISBN 978-89-8002-090-2　03220

※ 잘못된 책은 바꾸어 드리며 값은 책 뒷면에 있습니다.
※ 이 책은 저작권법에 따라 보호받는 저작물이므로 무단 전재와
　복제를 금지하며 이 책 내용의 일부를 이용할 때도 반드시 지은이와
　출판사의 서면 동의를 받아야 합니다.